세상을 변화시키는
리더십과 팔로워십

목 차

요즘 리더십에 대해 관심이 많아지면서 관련된 책이나 세미나도 많이 소개되고 있다. 리더십 연구가 다양해지는 것은 환영할 만한 일이다. 왜냐하면 인생의 모든 것은 리더십으로 결정되기 때문이다. 이렇게 귀한 리더십 연구에 대해 우려되는 것, 두 가지가 있다.

첫째는 현 시대가 인스턴트시대이고, 한국인은 '빨리 빨리'에 익숙해 있어서 '탁월한 리더가 되려면 이렇게 해'라는 인스턴트식 방법론이 너무 성행한다는 점이다.

둘째는 세상에서 말하고 있는 리더십을 교회가 성경적인 검토 없이 사용하고 있다는 점이다. 성경적 리더십과 세상적 리더십은 분명히 다른데도 성경적 리더십에 대한 개념 정립 없이 무비판적으로 리더십 개념을 수용하는 것이 문제이다. 물론 세상적 리더십도 필요하다. 그러나 정말 중요한 것은 하나님께서 원하시는 리더는 어떤 모습이어야 하느냐? 라는 것이다. 먼저 리더가 성경의 가치관과 철학으로 무장되어 있어야 한다. 그리고 진정한 리더십에 대해 철저히 배우고 연구해야 한다.

리더십을 정의하는 데 있어 가장 최상의 단어는 '영향력'이라는 말이다. 영향력을 끼치는 사람이 리더이다. '어떻게, 어떤 방법으로 영향력을 끼쳐야 할까?' 리더는 영향을 끼치고자 하는 방향으로 사람들을 이끌어야 한다. 그 한 방향은 인격적이신 하나님을 만나는 것, 바로 그분의 뜻을 따르는 것이다.

성경에 나오는 리더들은 하나님이 이끄시는 방향으로 따라갔으며, 순종의 과정에서 하나님이 주시는 잠재된 능력과 영향력이 폭발했다. 그 능력으로 이 세상을 하나님이 원하시는 방향으로 이끌었으며, 변화시켜 나갔다. 진정한 리더십은 이처럼 하나님의 뜻대로 세상을 이끌고 변화시키는 힘이다.

세상을 변화시키는 리더십에 있어 우리의 모델은 누구인가? 오직 한 분 예수님이시다. 예수님은 리더십의 혁명을 가져오신 분이다. 세상은 권력이 있는 자, 직위가 높은 자, 전문성이 있는 자를 리더로 알고 있다. 그러나 예수님은 하나님께 초점을 두는 자, 섬기는 자, 희생하는 자, 비전을 위해 헌신하는 자가 참 리더라고 말씀하셨고 그렇게 사셨다.

그분만이 인류의 유일한 리더이시다. 그분은 선한 목자(요 10:11), 이 세대의 통치자들을 초월하는 하나님의 지혜(고전 2:6-7), 영광의 주(고전 2:8), 양들의 큰 목자(히 13:20), 그리고 목자장(벧전 5:4)이시다.

예수님은 참 지도자로서의 본을 보이셨을 뿐만 아니라 그분을 믿고 따르는 자들도 같은 리더가 되기를 소원하셨다.

"내가 주와 또는 선생이 되어 너희 발을 씻었으니 너희도 서로 발을 씻어 주는 것이 옳으니라 내가 너희에게 행한 것 같이 너희도 행하게 하려 하여 본을 보였노라(요 13:14~15)"

"이를 위하여 너희가 부르심을 받았으니 그리스도도 너희를 위하여 고난을 받으사 너희에게 본을 끼쳐 그 자취를 따라오게 하려 하셨느니라(벧전 2:21)"

예수님이 우리에게 요구하시는 것은 '나를 본받고, 나를 따라오라'는 것이다. 우리는 예수님을 따라 하나님만 바라보는 자가 되어야 한다. 그런 점에서 훌륭한 리더는 예수님을 본받고 따르는 자가 되어야 한다.

이 책의 제목을 '세상을 변화시키는 리더십과 팔로워십'이라고 한 이유가 바로 여기에 있다. 예수님을 믿는 모든 리더들은 먼저 예수님을 따르는 자로서의 영성으로부터 출발해야한다는 점을 강조하고 싶어서다. 이 세상을 변화시킬 수 있는 한 분 예수 그리스도, 그분만이 우리의 유일한 리더이시다. 그리고 우리 모두는 그분만을 따르는 팔로워들이다.

이 교재를 통해 예수님을 따름으로 세상을 변화시키는 진정한 리더십과 팔로워십에 대해 배우고, 익히며, 묵상하고, 적용하기 위해 힘쓰길 바란다. 그 과정에서 하나님이 우리에게 허락하신 능력과 자원을 최대한 계발하여, 이 세상에 진정한 영향력을 끼칠 수 있기를 소원한다.

진정한 리더 한 사람의 힘이 얼마나 위대한지 알기에, 한 사람의 위대한 리더가 탄생하기를 바라며……. 그 한 사람이 바로 당신이기를 두 손 모아 사모한다.

하나님의 사람 심수명

| 자기소개 및 조별 만남 |

조원끼리 돌아가면서 간단하게 자기소개를 하고 모임에 대한 기대를 나눈다.

♥ 이 름(그 뜻) :

♥ 간단한 자기 소개 :

♥ 모임에 대한 기대:

| 모임을 위한 약속 |

모임을 시작하기 전에 다음의 약속을 지키기로 다짐한다.

1. 모임에 적극적으로 참여하고 리더를 사랑하고 신뢰한다.

2. 리더와 멤버를 비난하는 마음을 가지지 않도록 노력한다. 만일 말이나 행동으로 실수하게 되는 경우 용서를 구하며 돌이킨다.

3. 가능하면 솔직하게 이야기하고 혹 말하고 싶지 않을 때 한 번 더 용기를 낸다.

4. 부정적인 정서가 내 맘에 가득하면 하나님의 은혜를 구하고 긍정적인 분위기와 말로 표현한다.

5. 다른 사람이 이야기할 때 그 사람을 바라보며 집중하여 듣는다.

6. 멤버들을 격려하고 칭찬하며 장점을 찾아서 지지한다.

7. 모임 시간 동안에 들은 이야기를 절대로 밖에서 말하지 않는다(비밀 유지).

8. 지각이나 결석, 자리이동 등 모임의 분위기를 방해하는 행동을 하지 않는다.

9. 다른 사람을 존중하며 타인이 내게 잘못했을 때 그 실수나 허물을 용납하고 용서한다.

10. 모임 시간에는 반드시 휴대폰을 끈다.

날짜: _____   서명 : _____

| 소그룹 인도자 지침서 |

1. 모임을 시작하면서 현재의 심정을 나눕니다. (1강 처음 시작할 때는 자기 소개, 이 모임에 대한 기대와 현재 심정을 묻고 나눕니다. 앞으로 좋은 만남이 있길 기대하며 은혜와 기쁨의 시간되기를 소망하며 서로 악수(또는 박수)를 합니다. 인도자가 기도를 하고 시작합니다.) 모임을 하기 전에 자신의 마음을 개방하는 이유는 부정적이거나 힘든 마음을 가지고 있을 때 말씀을 올바로 깨닫고 적용할 여유가 없기 때문입니다. 따라서 매 강 처음 시작할 때 마음을 열어 감정을 나누면서 자연스럽게 훈련받을 수 있는 준비를 합니다. 이 시간은 총 20분을 넘지 않아야 합니다.

2. 교재에 제시된 내용을 읽고 질문에 따라 모든 멤버들이 자신의 이야기를 하도록 인도합니다. 매 순간 자신을 돌아볼 수 있도록 멤버를 이끌어야 합니다. 처음에는 자신의 이야기를 한다는 것이 귀찮고 싫을 수도 있습니다. 그러나 서로의 삶을 진솔하게 나누는 분위기를 조성하면 자발적인 나눔이 일어나게 됩니다.

3. 멤버가 진솔한 자기개방을 할 때 인도자는 경청과 공감으로 만나주어야 합니다. 이를 위해 인도자는 하나님께 의탁하는 기도와 진솔한 자기개방, 인격적인 태도가 몸에 배어 있어야 합니다. 인도자는 자신의 생각을 주입하려 하거나 많은 말을 하지 않습니다. 멤버들이 자신의 생각과 감정을 스스로 정리할 수 있도록 기회를 제공합니다.

4. 인도자는 메시지의 핵심과 방향에 대해서는 분명한 안내를 해야 합니다. 이를 위해 교재를 최소한 세 번 이상 읽고 자신에게 먼저 적용하여 성실하게 답을 작성해 보십시오. 교재의 내용을 충분히 숙지해야만 모임을 목적에 따라 이끌 수 있습니다.

5. 모임의 시간을 잘 조절하십시오. 삶을 나누다 보면 자꾸 자기 이야기를 하고 싶어집니

다. 그러나 한 사람이 이야기를 독점하면 모임의 역동이 깨어지고 멤버들이 지루해할 수 있으므로 자신의 이야기를 길게 하는 멤버가 있다면 인격적이면서도 부드러운 태도로 자제해줄 것을 권면합니다.

6. 소그룹의 가장 확실한 인도자는 성령님이십니다. 매시간마다 성령님께 의탁하는 마음으로 기도하면서 모임을 인도하는 것이 가장 효과적임을 잊지 마십시오. 모임 전에, 모임이 진행되고 있는 중에라도 멤버와 자신을 위해 기도하십시오.

7. 인도자는 멤버가 모임 중에 이야기한 것에 대해서는 끝까지 비밀을 유지해야 하며, 멤버들에게도 비밀을 지켜달라고 당부해야 합니다. 아무리 좋은 목적이라 하더라도 모임 중에 이야기한 것은 공개하지 않는 것이 원칙입니다. 만약 공개해야 될 경우, 사전에 멤버의 동의를 구해야 하며 공개된 이후에 심적으로 불편할 수도 있음을 알려주어야 합니다.

8. 인도자가 자신의 호기심으로 궁금해 하는 태도는 지양해야 합니다. 그리고 멤버가 이야기하고 싶지 않을 때는 언제든지 말하지 않아도 될 권리가 있음을 알려주어야 합니다. 인도자의 최대 의무 가운데 하나는 멤버를 보호하는 것이며, 멤버가 인도자의 이런 마음을 통해 안정감을 느낄 때 그 모임은 계속 성장할 수 있습니다.

9. 일반적으로 모임의 인도자들은 다른 사람의 문제를 대신 짊어지거나 감정적으로 깊이 관여하고픈 유혹을 자주 느낍니다. 도움을 주려는 마음은 숭고한 것이지만 지나친 관여는 멤버에게 도움이 되지 않고 인도자의 탈진을 가져올 수 있습니다. 그러므로 인도자는 자신이 도와주어야 할 영역이 어디까지인지 분명한 한계를 설정하고 그 한계 내에서 도움을 주어야 지치지 않고 오랫동안 도와줄 수 있습니다.

10. 모임을 인도하다 보면 어떤 문제들은 인도자가 감당하기에는 너무 벅차거나 시간이 요구되는 경우가 있습니다. 이런 경우 전문가(자신의 영적 리더나 목회자)에게 위탁함으로 적절하게 도움을 구하는 것이 지혜로운 것입니다.

비전가로 살도록 돕는 소그룹교재

세상을 변화시키는
리더십과
팔로워십

심수명 지음

LEADERSHIP FOLLOWERSHIP *for* **Change** the **World**

도서출판다세움
Daseum Publishing

1강 리더십의 방향

1. 리더십과 목표

중세시대 어떤 신부가 어느 마을 어귀에서 열심히 돌을 다듬고 있는 석공들을 보았다. 그들은 모두 예배당 건축에 쓰일 돌을 다듬고 있었다.

신부는 석공들에게 다가가서 무엇을 하고 있는지 물었다.

한 석공은 "보면 몰라요? 돌을 다듬고 있지 않습니까?"라고 퉁명스럽게 대답했다.

신부는 다른 석공에게 다가가 같은 질문을 했다.

이번 석공은 "먹고 살기 위해 돌을 다듬고 있소."라고 대답했다.

신부는 또다른 석공을 찾아가 물었다.

그러자 그 석공은 "저는 새로운 성전에 쓰일 주춧돌을 다듬고 있는 중이지요."라고 대답했다.

위의 세 석공은 똑같이 돌을 다듬는 사명을 수행하고 있었다. 그러나 새로운 성전을 바라보며 맡은 일을 하고 있었던 석공은, 아무런 꿈이나 목표도 없이 일을 하고 있던 다른 석공들에 비해 행복하게 일했을 것이고, 더 좋은 결과를 보았을 것이다(Jones, 1996, 5-6).

리더가 되기 위해서는 무엇보다도 목표를 분명하게 세워야 한다. 목표는 당신이 겨냥하고 있는 과녁을 의미한다. 화살이 과녁을 향해 날아가듯이 당신이 목표를 가지고 있는 한, 당신이 하는 모든 일은 그 과녁을 향할 것이다.

명확한 목표는 일을 보다 쉽게 성취할 수 있는 근거가 된다. 어떤 일이 이루어지지 않는 것은 그 일에 대한 목표가 분명하지 않았기 때문이다. 능력이 있다 할지라도, 목표가 분명하지 않으면 성과도 얻기 어렵다.

탁월한 업적은 저절로 이뤄지는 것이 아니라 올바른 목표를 세우고 그것을 이루어가는 과정에서 얻어지는 것이다. 위대한 리더는 성취하기 원하는 목표를 분명히 아는 사람이다. 그는 자신의 모든 행동과 노력을 이 목표에 집중해서 갈 수 있는 사람이다.

우리가 따라야 할 최고의 모델이신 예수님의 목표가 무엇인지 말씀을 통해 살펴보자.
도둑이 오는 것은 도둑질하고 죽이고 멸망시키려는 것뿐이요 내가 온 것은 양으로 생명을 얻게 하고 더 풍성히 얻게 하려는 것이라(요 10:10)

참 목자이신 예수님의 목표는 "양으로 생명을 얻게 하고(영혼 구원) 더 풍성히 얻게 하는 것(삶 전체의 구원)"이었다. 하지만 예수님 외에 다른 모든 리더십은 영혼을 위한 것이 아니라 자신을 위한 목표를 가지고 있다. 그래서 예수님은 그들을 도둑이라 하셨다. 오직 예수님만이 모든 영혼을 위해 리더십을 베푸시는 참된 목자시다.

느헤미야도 분명한 목표가 있었다. 느헤미야의 목표는 '예루살렘 성벽 및 성문 재건'과 '예루살렘 백성들의 회복'이었다. 느헤미야는 이 목표를 완성하기 위해 빈틈없는 계획을 세웠다. 그는 수많은 시간을 기도하며 또 연구하였다.

그의 목표에 관하여 왕이 질문했을 때 "왕에게 아뢰되 왕이 만일 좋게 여기시고 종이 왕의 목전에서 은혜를 얻었사오면 나를 유다 땅 나의 조상들의 묘실이 있는 성읍에 보내어 그 성을 건축하게 하옵소서(느 2:5)"라고 대답하였다. 그의 이 목표는 하나님께로부터 감동받은 목표였다. 그는 분명한 목표와 계획이 있었기에 왕이 프로젝트를 완성하는 데 필요한 일정에 대하여 물었을 때도 즉시 준비된 답변을 하였다(느 2:6).

지금 상황이 열악하다 하더라도, 하나님이 함께 하시면 변화될 것이라고 믿는 분명한 비전과 소원을 가지고 있는가?

그 대답이 바로 리더십의 목표이다.

세상을 변화시키기 원하는 리더들은 하나님이 주신 목표를 달성하고자 헌신할 뿐만 아니라, 이러한 목표를 하나님의 방법으로 성취하려고 노력한다. 좋은 목표를 정했을지라도 그것들을 성취하기 위한 방법이 선하시고, 공의로우시고, 사랑으로 가득하신 하나님의 성품을 반영하지 못한다면 그 목표는 유익하지 않다.

• 위 글을 읽은 느낌과 깨달음은 무엇인가?

• 잠언 15장 22절의 말씀을 보고 목표를 설정하기 위해 필요한 것이 무엇이라고 생각하는가?

　의논이 없으면 경영이 무너지고 지략이 많으면 경영이 성립하느니라(잠 15:22)

• 다음 글을 읽고 나를 향한 하나님의 계획과 비전이 무엇인지 생각하면서 자신의 삶의 목표를 적어보자. 나의 목표가 이루어질지 이루어지지 않을지 생각하지 말고, 그냥 생각나는 대로 마음의 소원들을 기록해보자.

비전 바라보기

- 세상에서 가장 불쌍한 사람은 꿈이 없는 인생이다.

- 모든 사람은 하나님으로부터 독특하고도 구별된 존재로 부름 받았다.

- 하나님은 인생의 목적과 의미를 위한 비전을 각 사람의 마음 속에 심어주셨다.

- 세상이 당신에게 주는 비전은 헛된 것이다. 비전은 하나님이 부여하신다.

- 모든 사람은 다른 사람이 아닌 오직 나만이 할 수 있는 그 일을 이루도록 지음 받았다.

- 모든 사람은 무언가 특별한 일을 하도록 창조되었다.

- 비전을 가진 한 사람이, 수동적으로 행하는 99명의 사람들보다 더 위대하다.

- 자신 속에 있는 하나님이 주신 은사를 일깨울 책임은 바로 자신에게 있다.

- 하나님은 꿈꾸는 자들을 사랑하신다. 하나님이 주신 비전을 바라보며 순종하며 갈 때 우리와 함께 하신다.

- 비전에 집중하는 한 누구에게나 기회는 찾아오기 마련이며, 그것을 포착하면 현재의 상황을 극복하여 목적을 달성할 수 있다(Munroe, 2003, 28).

2. 일반적 리더십

1) 잘못된 리더십

1912년 4월 12일 초호화 여객선 타이타닉호의 스미스 선장의 리더십은 죽음의 리더십이라 할 수 있다. 타이타닉호는 빙산에 부딪힌 지 세 시간도 안 되어 새벽 2시 20분에 침몰하였다. 타이타닉과 함께 물속으로 가라앉은 스미스 선장의 치명적 실수는, 과거에 자신이 이룩한 업적을 과신한 것이었다. 그는 자신이 지금까지 이루어왔던 성공으로 리더십의 기술을 완벽히 갖추었다고 생각했다.

그는 빙산이 흐르는 바다를 항해할 때 그 어느 때 보다 더 조심했어야 했는데 오히려 교만했다. 모든 사람들의 존경을 받고 선장의 귀감이 되었던 그 사람이 그날 밤에 저지른 실수 때문에 1,517명이라는 고귀한 생명들이 희생됐다. 가장 견고한 배라고 칭송받던 타이타닉은 그 배를 지휘하고 있었던 경험 많은 노련한 선장의 잘못된 결정 때문에 침몰하였다(Finzel, 1988, 15).

- 그는 자신의 능력만 믿고 눈이 가려져 있었다.
- 그는 위험요소인 빙산들을 과소평가했다.
- 그는 자신과 그 배의 능력을 과대평가했다.
- 그는 조심하지 않고 배를 과도하게 몰고 나갔다.
- 그는 자만심 때문에 리더십을 가로막고 있었다.
- 그는 최신의 기술로 만들어진 배를 과신하였다.
- 그는 과거의 성공 경험에 지나치게 의존하였다.
- 그는 위험이 다가온다는 계속된 경고를 무시했다.
- 그는 바다의 환경적인 현실을 무시했다.

우리는 리더십에 대하여 조심할 필요가 있다. 리더의 자리는 다른 사람에게 커다란 유익을 줄 수도 있으나, 동시에 다른 사람들을 넘어지게 만들 수도 있는 자리이다.

'리더십이 무엇인가'를 생각하기 전에 '무엇이 리더십이 아닌가'를 살펴봄으로써 리더십의 개념을 명확히 하는 것이 중요하다. 리더십인 것 같지만 엄밀하게 따져서 리더십이 아닌 것들이 있다(박수암, 2013, 21-25).

첫째, 힘이 리더십은 아니다.

역사 속의 수많은 독재자들은 힘이 있었지만, 이것을 진정한 리더십이라고 말하기는 어렵다. 리더는 이 세상의 통치자들이나 권력자들이 아니다. 강도에게 총이 있어서 그의 명령에 복종하긴 하겠지만, 그 누구도 그가 사람들의 리더라고 생각하지 않는다. 힘이 있다고 리더는 아닌 것이다.

둘째, 직위가 리더십은 아니다.

직위가 사람을 만든다는 말이 있다. 그럴 수 있다. 그러나 진정한 영향력은 그렇게 가볍게 만들어지는 것이 아니다. 대통령이나 사장 같은 직위를 가졌다고 해서 사람들이 마음으로 따르지는 않는다. 진정한 영향력이나 인격은 부족한데 직위를 가지고 힘을 휘두를 때, 우리는 그 힘을 권위주의라고 부른다. 잘못된 권위주의 때문에 어렵고 힘든 경우가 많다. 진정한 영향력은 직위를 바탕으로 하는 권위주의에서 나오는 것이 아니다. 사람을 도우려는 사랑의 동기에서 나온 내적인 힘으로부터 나온다.

셋째, 전문성이 리더십은 아니다.

리더가 어떤 특정 분야에 대해서 실력과 전문성이 있을 때 리더십에 좀 더 효과적일 수는 있다. 하지만 특정 분야의 전문성이 부족하다고 해서 반드시 그의 리더십이

약한 것은 아니다. 인도자(guide)와 리더는 다르며, 전문적인 지식이 있다고 꼭 리더가 되는 것이 아니다. 리더는 전문성을 뛰어 넘어 분명한 목적을 향해 사람을 움직이는 힘을 가진 자이다.

• 위 글을 읽고 잘못된 리더십의 위험성에 대해 어떤 생각과 느낌이 드는지 나누어 보자.

• 다음 말씀을 읽고 리더십에 대해 어떤 생각이 드는지 적어보자.

또 그들 사이에 그 중 누가 크냐 하는 다툼이 난지라 예수께서 이르시되 이방인의 임금들은 그들을 주관하며 그 집권자들은 은인이라 칭함을 받으나 너희는 그렇지 않을지니 너희 중에 큰 자는 젊은 자와 같고 다스리는 자는 섬기는 자와 같을지니라(눅 22:24~26)

2) 일반적 리더십

리더십(leadership)은 말 그대로 '리더(leader)'와 '배(ship)'라는 단어로 이루어진 말이다. 리더십은 배의 리더란 뜻으로, 리더가 배를 이끌어 목적지에 도달하게 하는 능력이라고 할 수 있다.

항해를 할 때는 폭풍이나 암초를 만나 배가 파괴될 수 있으며, 식량이나 물이 떨어질 수도 있다. 또 선원들 간에 갈등이나 폭동이 일어날 수 있다. 그렇기에 리더십은 폭풍처럼 다가오는 어려움도 지혜롭게 이겨 내야 하며, 고난 속에 있는 사람들을 잘 살펴 격려해야 한다. 순풍이 불 때는 순풍을 이용해서 나아가고, 암초가 있으면 피해 가고, 지칠 때는 적당히 쉬어야 하지만, 한순간도 목표를 놓치지 말아야 한다.

리처드 휴즈는 리더십에 대해 다음과 같이 말하였다(한홍, 2000, 27).

"리더십이란 한 조직체에 끼치는 영향력으로서, 그 단체로 하여금 하나의 목표에 도달하게 하는 과정이다. 따라서 리더는 다른 사람들로 하여금 일정한 방향으로 생각하고 느끼고 행동하도록 영향을 주는 사람이다."

사회학자들은 지극히 내성적인 사람일지라도 일생동안 만여 명의 사람들에게 영향을 끼친다고 말한다. 우리 각자는 다른 사람들에게 영향력을 끼치는 존재인 동시에 다른 사람들로부터 영향을 받기도 한다. 인간은 누구나 리더이면서 또 팔로워이다. 어떤 경우에는 탁월한 영향력을 끼치는 사람도 새로운 환경에서는 다른 사람들로부터 영향을 받기도 한다(Maxwell, 1993, 17~18).

일반적 리더십은 자신이 스스로를 경영하여 목표에 도달하는 것을 성공적 리더십이라고 본다. 성공적 리더십은 자기 자신을 경영하고 다스리는 관리 능력을 가지고 환경과 사람들을 잘 다스리며 활용하여, 성공에 이르게 하는 것이다. 또한 집단이 공동의 목적, 이익을 위해 함께 협력하여 결과를 만들어내게 하는 힘이다.

리더는 성공에 이르기 위해 확고한 원칙과 신념을 가슴에 품고 있으면서도, 현실에 따라 때로는 타협하고 포용하는 능력이 요구된다. 그래서 카리스마와 소탈함이 동시에 필요하다. 다시 말하면 실리와 명분, 현실과 원칙, 개혁과 보수의 갈등 속에서 때때로 한 발 물러서기도 하지만, 양보할 수 없는 어떤 부문에 대해서는 단호하게 정면승부를 걸 수 있는 힘이 필요하다.

이것이 기존의 리더십에 대한 개념이었다. 이러한 리더십을 '거래적 리더십'이라고 부른다. 이것은 개인의 이익과 아울러 구성원들의 상호 유익을 위한다는 점에서 장점이 있으며 여러 수단을 동원하여 자기들 집단만의 유익을 구한다는 점에서 한계가 있다. 공동의 목적, 목표라는 것이 결국 자기 집단의 이익을 추구하는 것이기에 그렇다. 타락한 인간은 자기중심적이고 이기적이다. 따라서 자신만의 유익을 도모하는 욕심을 추구한다. 그래서 결국 집단주의로 흘러 그들만의 잔치를 만들어간다.

최근 들어 정치, 경제, 교육에 있어 자기 집단만의 유익 추구가 부패와 타락을 만드는 문제점이 있음을 발견하고는, 조직적 한계와 권력구조를 뛰어넘어 희망과 힘을 불어넣고, 사회의 병폐를 치료하면서 구조자체를 변화시켜야 한다는 '변혁적 리더십'이 국가와 사회 전반에 필요하게 되었다(강휘원, 2005, 30).

변혁적 리더십은 리더가 조직의 방향과 목표를 설정하고 이 목표를 수행하기 위해 구성원들이 헌신할 수 있는 여건을 조성하는 것이다. 그래서 조직의 혁신적 변화를 만들 뿐 아니라 이를 제도화하고 그 과정을 투명하고 공정하게 관리해 나가는 리더십이다(Burns, 1978, 111).

• 일반적 리더십이 무엇이며, 그 문제와 한계를 정리해보자.

• 당신이 살아오면서 영향을 받았거나 받고 있는 사람들을 생각나는 대로 적어보자.

• 반대로 내가 영향을 주었던 사람들이나 주고 있는 사람들은 누구인지 적어보자.

3. 성경적 리더십

성경적 가치관은 이 세상에서의 성공을 꿈꾸는 것이 아니기에, 성경적 리더십은 이 시대의 가치와 문화를 뒤집는 변혁적 특성이 있다. 변혁적 리더십의 주창자는 바로 예수님이시다.[1] 예수님께서는 세상을 변혁하고 구원하기 위해 오셨다. 예수님은 진정한 비전을 찾지 못해 갈망하는 세상 사람을 불쌍한 존재로 보셨다. 타락한 인간은 고귀하고 의미 있는 삶의 길을 갈망하고 있지만, 그 해결책을 찾지 못한 목마름을 가지고 있다. 그래서 예수님은 세상을 사랑하여 하나님을 반역하고 배척하는 인간과 문화에 대해 구속적 관점으로 바라보고 그들을 위해 자신을 희생하는 리더십을 행사하셨다. 이 리더십이 바로 진정한 변혁적 리더십이다.

그리고 자기를 따르는 자들에게는 영혼 구원, 즉 천하보다 귀한 생명을 사랑하여 자신을 내어주는 리더십을 보여주셨다. 기독교 리더십은 이 길을 가는 것이다. 하나님의 뜻이 세상을 구원하기 위한 것임을 알고 이 세상의 모든 것을 구원하기 위해 예수님을 따라 나를 희생하는 것이 바로 성경적 리더십이다.

성경에 나오는 리더들을 보면, 그들의 영향력은 세상 리더들과는 분명한 차이점이

---

1) 리차드 니버(Helmut Richard Niebuhr, 1894-1962)는 "그리스도와 문화"라는 책에서 기독교와 문화와 관련하여 '대립, 적응, 종합, 긴장, 변혁'의 5가지 유형으로 구분하였다. ① '문화에 대립하는 그리스도'는 문화에 대한 그리스도인들의 배타적인 태도를 가리킨다. 이런 태도를 가진 이들은 자기들이 살고 있는 사회 관습이 무엇이든지 그리스도와 적대 관계에 있다고 본다. ② '문화의 그리스도'는 첫 번째 유형과 정반대되는 것이다. 이 유형을 따르는 사람들은 그리스도와 문화 사이에 근본적인 일치와 연속성이 존재한다고 생각한다. ③ '문화 위의 그리스도'는 그리스도와 문화를 다 긍정한다. ④ '역설 관계에 있는 그리스도'는 그리스도와 문화의 관계를 화해할 수 없는 양자 간의 끊임없는 싸움으로 이해한다. ⑤ '문화의 변혁자 그리스도'는 세계는 구속받을 수 있는 가능성이 있기에 배격되거나 소홀히 여겨서는 안된다고 주장한다. 그리스도는 죽음과 죄에 예속되어 있는 인간을 구속하시는 것뿐 아니라 문화 속에서 사는 인간 생활을 계속적으로 성화시키고 변혁시키시는 분으로 이해된다.

있다. 그것은 하나님의 사랑에 힘입은 영혼 사랑이었다. 사람이 어떻게 자신의 힘으로 다른 영혼을 향해 목숨을 내어주겠는가? 이것은 인간의 지혜와 능력이 아니라 하나님의 능력과 은혜이다.

그래서 이 세상을 좇지 않고 하나님의 뜻과 말씀에 따라 살아가도록 나를 설득할 수 있는 힘과 믿음이 성경적 리더십의 정수이다. 또한 내 인생을 사는 것이 아니라, 나를 향한 하나님의 계획을 알고 그 비전에 기꺼이 순종하는 것이다. 그러므로 하나님을 온전히 신뢰하고 하나님께 내 인생을 맡기도록 나를 설득할 수 있는 믿음의 힘이 바로 위대한 리더십인 것이다(이 부분에 대해서는 4강에서 자세히 설명하고자 한다).

• 성경적 리더십을 정리해보고 당신의 견해는 어떠한지 적어보라.

4. 제자도의 길

리더십이란 '누가 리더가 될 수 있는가?'를 묻는다. 예수님은 말씀하시기를 '너희의 지도자는 한 분이시니 곧 그리스도시니라(마 23:10)'고 말씀하셨다. 예수님은 스스로를 유일한 리더라고 말씀하셨다. 우리는 주님이신 예수님만이 우리의 리더임을 인정해야 한다. 이 세상의 왕들, 통치자들, 장군들, 관원들, 하늘의 천사들, 대제사장들, 장로들, 서기관들, 랍비들, 그 외의 학자들은 우리의 참 리더가 될 수 없다.

우리는 리더가 되려하기 보다 예수님의 주되심(Lordship)을 인정하고 순종하는 자로 살아가야 한다. 그런 면에서 작은 예수로 사는 것이 우리의 분명한 목표가 되어야 한다. 이렇게 그리스도인의 리더십은 하나님을 바라보는 것, 즉 주님의 주되심을 삶의 모든 영역에서 인정하는 것인데 이것이 바로 제자도(Discipleship)이다.

제자의 삶이란 자기를 부인하고 하나님의 뜻에 온 마음을 다하는 헌신이 있는 삶이다. 제자의 삶의 특징은 하나님의 인도하심에 대해 철저히 순종하는 것이다.

> **무릇 내게 오는 자가 자기 부모와 처자와 형제와 자매와 더욱이 자기 목숨까지 미워하지 아니하면 능히 나의 제자가 되지 못하고 누구든지 자기 십자가를 지고 나를 따르지 않는 자도 능히 나의 제자가 되지 못하리라 이와 같이 너희 중의 누구든지 자기의 모든 소유를 버리지 아니하면 능히 내 제자가 되지 못하리라(눅 14:26-27, 33)**

예수님은 당신을 무조건적으로 따르겠다고 헌신하는 사람만이 당신의 제자가 될 수 있다고 말씀하셨다. 어떤 상황도, 즉 목숨이나 재정, 그 외 다른 어떤 것들도 주님께 순종하는 것을 단념시킬 수 없다. 부분적인 헌신과 그저 적당히 일하려는 태도는 그리스도의 제자에게는 적합하지 않다. 만약 우리가 예수님을 따르려고 한다면 어떤 길이든 가야 하고 어떤 대가든지 지불해야만 한다.

우리가 가장 사랑하는 어떤 것, 심지어 우리의 생명까지라도 드려 주님께서 부탁하신 것을 끝마치려는 각오가 필요하다. 이것은 예수님이 자신을 따르는 자들에게 바라는 절대적이면서 근본적인 순종이다. 하나님이 주신 비전에 대한 철저한 순종과 하나님의 성품에 대한 확고한 믿음이 결합할 때 리더는 어떠한 어려움도 극복할 수 있다.

• 당신이 존경하는 리더들은 누구이며, 그들은 성경적 리더십과 제자도의 정신에 부합하는지 생각해보자.

• '진정한 리더는 예수를 따르는 자'라는 말에 대해 당신은 어떻게 생각하는가?

• 당신이 진정한 리더가 되지 못하는 이유는 무엇인가? 다음 말씀을 보고 생각해보고 이 외에도 다른 이유가 있다면 그것이 무엇인지 적어보자.

한 사람이 두 주인을 섬기지 못할 것이니 혹 이를 미워하고 저를 사랑하거나 혹 이를 중히 여기고 저를 경히 여김이라 너희가 하나님과 재물을 겸하여 섬기지 못하느니라(마태복음 6:24)

이 강을 정리해 보자

1. 전체 내용 정리

2. 새롭게 배운 점

3. 결심한 점

2강 리더십 유형

1. 예수님의 리더십

한글 개역개정판에 지도자로 번역된 헬라어 '카쎄게테스(καθηγητής)'는 오직 마태복음 23장 10절에만 나온다.

> 또한 지도자라 칭함을 받지 말라 너희의 지도자는 한 분이시니 곧 그리스도시니라(마 23:10)

이스라엘 민족은 특히 리더들이 많은 민족이었다. 모세, 여호수아, 사사들, 제사장들, 왕들, 선지자들이다. 그런데 예수님은 그리스도이신 자신만이 리더라고 하신다. 기독교 리더십의 핵심은 예수님을 따르도록 나를 설득하는 것인데 참 리더이신 예수님의 삶은 어떠하셨는지 살펴보자.

1) 하나님께 초점을 맞춤

자신을 스스로 지도자라고 자처하신 주님의 삶의 초점과 방향은 무엇이었을까? 예수님의 모든 삶의 방향은 하나님의 뜻을 행하는 것이었다. 그분의 삶은 온전히 아버지 하나님께 집중되었다.

> **예수께서 이르시되 나의 양식은 나를 보내신 이의 뜻을 행하며 그의 일을 온전히 이루는 이것이니라(요 4:34)**

예수님의 양식은 '하나님의 뜻을 행하는 것'이었다. 우리가 매일 밥을 먹듯이 예수님은 하나님의 뜻을 행하시는 것을 진정한 양식으로 삼으셨다. 예수님은 하나님의 뜻인 십자가의 죽음을 바라보며 영혼구원, 전도와 양육, 봉사의 삶을 열심히 사셨다.

예수님의 처음과 마지막은 온전히 하나님의 뜻, 십자가를 지는 것이었다. 이 세상에 오신 것, 이 세상에 와서 행하신 모든 일들의 초점이 오직 하나님께 모아졌다. 그러므로 그분이 행하신 모든 것이 전부 성부 하나님의 뜻인 것이다.

하나님의 뜻을 행하는 것이 예수님의 양식이었듯이 예수님을 바라보고 따르는 자도 예수님과 같이 하나님의 뜻을 행하며 살아가는 자여야 한다. 모든 위대한 하나님의 사람들은 하나님께 초점을 두고 살았다. 그렇게 사는 것이 바른 삶이다.

리더는 진정한 리더이신 하나님을 만나는 분명한 체험을 가져야 한다. 그럴 때에 자기가 속한 세계에 긍정적인 영향을 끼칠 수 있는 올바른 관점을 갖게 된다. 이 말은 하나님과 바른 관계를 맺은 후에야 성경적 리더십이 발휘될 수 있음을 뜻하는 것이다.

이사야의 리더십은 하나님을 직접 보았던 체험에 그 뿌리를 두고 있다. '이사야의 부르심'이 있는 말씀을 잘 살펴보면 하나님께서 이사야를 직접적으로 부르시거나 명령조로 말씀하지 않으시고, 어떤 의무를 수행하도록 일방적으로 징집하지 않으셨다. 다만 하나님께서 혼잣말처럼 "내가 누구를 보낼까?", "누가 우리를 위해 갈까?" 하고 질문하실 때(사 6:8), 이사야는 하나님의 마음속에 있는 열망과 소원을 간파했다 (Malmstadt, ect., 2000, 22).

하나님의 열정을 느꼈고 하나님의 소원을 감지했기에 하나님의 뜻을 행하는 데에 기꺼이 자신을 헌신할 수 있었다. 하나님께 초점을 둔 영적 리더는 하나님과의 만남에서 시작하고, 하나님으로부터 영감을 얻고, 하나님의 힘으로 움직여야 한다.

• 당신의 초점은 어디에 맞춰져 있는가? 당신의 눈은 어디에 고정되어 있는가?

• 성경적 리더십에서 가장 중요한 것은 하나님께 초점을 맞추는 것이다. 이것이 왜 그렇게 중요한지 생각해보자.

2) 섬기는 리더십

예수님은 섬기는 리더의 최고 모델이시다. 예수님은 하나님이시지만 인간의 몸을 입으시고 모든 면에서 우리에게 모범을 보여주셨다. 이런 예수님께서 당신을 하나님의 종으로 표현하고 있다. 예수님은 하나님의 종으로 세상에 오셔서 하나님의 뜻인 인류 구원을 위해 죽으신 분이다. 사도 바울은 예수님이 종으로서 보여주신 모습을 표현하면서 우리에게 이렇게 명령한다.

> 너희 안에 이 마음을 품으라 곧 그리스도 예수의 마음이니 그는 근본 하나님의 본체시나 하나님과 동등됨을 취할 것으로 여기지 아니하시고 오히려 자기를 비워 종의 형체를 가지사 사람들과 같이 되셨고 사람의 모양으로 나타나사 자기를 낮추시고 죽기까지 복종하셨으니 곧 십자가에 죽으심이라(빌 2:5-8)

예수님께서 보여주신 종으로서의 자세는 죽기까지 복종하는 겸손과 순종이다. 이것이 바로 섬기는 리더십이다. 일반적으로 종의 개념은 '주인의 뜻을 안 후에 그의 뜻을 복종하며 준행하는 사람'이라고 할 수 있다. 주인은 종에게 지시한다. 그러면 종은 그가 해야 할 일을 한다.

그러나 하나님의 종의 개념은 다르다. 인간의 종은 내 능력으로 일하지만 하나님의 종은 자신을 주님께 맡겨서 하나님이 일하시도록 한다. 하나님은 종의 인격과 뜻을 존중하시면서 순종하도록 이끌어 가신다. 우리가 해야 할 일은 하나님이 내 인생을 빚으시도록 하나님의 손에 나를 맡기는 것이다. 이때 전능하신 하나님은 나를 가장 행복하고 빛이 나도록 만들어 가신다. 그러므로 종인 우리는 하나님을 믿고 하나님의 손에 우리 인생을 맡겨야 한다. 이것이 하나님의 종의 개념이다.

예수님은 하나님께서 지시하는 대로 사셨다. 자신을 하나님께 맡기는 자를 통해 하나님은 모든 일을 하신다. 하나님께 순종할 때에 그는 무한한 가능성이 있는 존재가 되는 것이다.

> 우리가 이 보배를 질그릇에 가졌으니 이는 심히 큰 능력은 하나님께 있고 우리에게 있지 아니함을 알게 하려 함이라 우리가 사방으로 우겨쌈을 당하여도 싸이지 아니하며 답답한 일을 당하여도 낙심하지 아니하며 박해를 받아도 버린 바되지 아니하며 거꾸러뜨림을 당하여도 망하지 아니하고 우리가 항상 예수의 죽음을 몸에 짊어짐은 예수의 생명이 또한 우리 몸에 나타나게 하려 함이라(고후 4:7-10)

보배는 예수님이므로 질그릇인 나를 깨뜨려 보배를 드러내도록 해야 한다. 나를 깨뜨릴 때 힘들까봐 두렵지만 믿음으로 하나님을 바라본다면 사방으로 우겨쌈을 당하고 답답한 일을 당하며 박해를 받거나 거꾸러뜨림을 당해도 무너지지 않는다.

내가 깨질 때 죽지 않을까 두렵지만 사실은 죽지 않는다. 깨지는 순간은 아프다. 그러나 어느 순간 회복된 나를 보게 된다. 왜냐하면 보배이신 예수 그리스도의 생명이 깨진 나를 통해 나타나면서 하나님이 나를 높이시기 때문이다. 십자가의 고난과 함께 부활의 영광도 함께 한다. 그 순간 그 무엇으로도 형언할 수 없는 신비로운 행복감과 절정감에 사로잡힌다. 예수님의 죽음을 몸에 짊어짐으로 예수님만 나타내고자 하는 삶과 정신을 세상에 보여주어야 한다.

이제 그분이 드러나고 우리의 존재가 사라지는 것을 기뻐하자. 그리고 하나님이 하나님의 일을 하시도록 나를 내어 맡기자. 하나님께서는 헌신된 한 사람, 순종하는 한 사람을 통해서 이 세상을 이끌어가신다. 평범한 한 사람이 헌신했을 때, 하나님이 기뻐하시는 어떤 일도 하실 수 있다.

• 예수님의 별명은 '섬김의 왕(Servant King)'이시다. 이것에 대해 어떻게 생각하는가?

• 내가 나를 볼 때 약하고 평범하다고 느낀다면 나야말로 하나님이 쓰시기에 적합한 사람이다. 고린도전서 1:26-29의 말씀을 보고 정리해보자.

> 형제들아 너희를 부르심을 보라 육체를 따라 지혜로운 자가 많지 아니하며 능한 자가 많지 아니하며 문벌 좋은 자가 많지 아니하도다 그러나 하나님께서 세상의 미련한 것들을 택하사 지혜 있는 자들을 부끄럽게 하려 하시고 세상의 약한 것들을 택하사 강한 것들을 부끄럽게 하려 하시며 하나님께서 세상의 천한 것들과 멸시 받는 것들과 없는 것들을 택하사 있는 것들을 폐하려 하시나니 이는 아무 육체도 하나님 앞에서 자랑하지 못하게 하려 하심이라(고린도전서 1:26-29)

3) 사랑의 리더십

한 연구 결과에 따르면 강한 우정을 나누는 사람들이, 친구 없이 지내는 사람들보다 더 행복하고 건강하다고 한다. 친구를 위해 목숨을 준다는 것은 정말 힘든 일이다. 당신 목숨과 바꿀만한 가치 있는 친구들이 몇 명이나 있는가?

한 사람이 다른 사람을 대신해 자기 목숨을 내놓을 수 있는 이유는 두 가지가 있는데 그것은 바로 의무의 동기와 사랑의 동기 때문이다(Zachary, 2009, 242-244).[2]

먼저, 의무의 동기를 생각해보자. 누군가를 위해 내 목숨을 내놓는 것은 내가 그래야 하는 윤리적 동기가 있을 때이다. 경호원이 대통령을 경호할 때, 그는 필요하면 대통령을 보호하기 위해 자신의 목숨을 내놓는다. 이 경우는 사랑 때문이 아니라 윤리를 근본으로 한 의무감에서 그렇게 하는 것이다. 이런 의미에서 일에 대한 전문성도 사람을 감동시키는 매력이 있다.

당신이 리더로서 당신의 멤버에게 이런 정도의 헌신을 할 수도 있다. 하지만 강한 사랑의 동기가 아니라면 감동적인 관계를 만들 수는 없다. 당신의 제자들에게 기꺼이 당신의 생명을 주는 수준에까지 이르려면 의무의 동기부여가 아닌 사랑의 동기부여가 필요하다.

내가 내 아내와 아이들의 생명을 보호하거나 그들의 생명을 나의 것과 바꾸는 일을 하게 된다면, 그것은 의무 때문이 아니라 사랑 때문이다. 이런 사랑의 헌신이 예수님께서 열두 제자들과 나눈 사랑의 수준이다.

내 계명은 곧 내가 너희를 사랑한 것 같이 너희도 서로 사랑하라 하는 이것이니라 사람이 친구를 위하여 자기 목숨을 버리면 이보다 더 큰 사랑이 없나니(요 15:12-13)

---

2) Zachary는 가치와 사랑의 동기로 구분했으나 저자는 의무와 사랑의 동기로 보았다.

예수님은 항상 제자들을 생각하셨고, 자신의 마지막 한 방울의 보혈까지 아낌없이 제자들을 위해 주셨다. 그분께서는 "벗을 위하여 제 목숨을 바치는 것보다 더 큰 사랑은 없다"고 말씀하셨고 실제로 그렇게 사셨다. 자신을 따르는 사람들을 위해 자신의 목숨을 내놓는 것, 바로 이것이 리더가 갖추어야 할 사랑의 수준이다(심수명, 2008, 160).

리더가 그렇게 살기로 동의할 때에만 비로소 우리를 따르는 사람들도 진정한 크리스천이 될 것이다. 리더로서 예수님의 방식을 따르려면, 당신은 당신 자신보다 멤버들의 목숨들을 귀하게 여겨야 하고, 그들을 사랑해야 한다.

• 예수님의 리더십의 절정은 사랑이다. 당신은 예수님의 사랑에 감동이 되어 전적으로 그분 말씀에 따르고 싶었던 적이 있었는가? 지금은 어떠한가?

2. 성경인물의 리더십

위대한 성경 속의 리더들은 완벽한 환경이나 조건을 가지고 있지 않았다. 아래의 리더십 스타일을 보면서 당신에게 가장 많이 표시가 되는 사람이 있을 것이다. 당신은 그 사람의 길을 따르고 있는 것이다(Jones, 1996, 220-230). 자신에게 해당되는 내용을 표시해보자.

1) 요셉의 리더십: 몽상가(비전가) 스타일

번호	내용	표시
1	나는 위대한 꿈을 꾸었다.	
2	나는 가족이나 주변 사람들의 시기를 받은 적이 있다.	
3	나는 하나님이 나를 얼마나 사랑하는지 알고 있다.	
4	나는 유혹을 받은 적이 있다.	
5	나는 절망의 구렁텅이로 던져지는 느낌이 어떤 것인지 알고 있다.	
6	나는 재능을 활용할 기회가 올 때마다 다른 사람을 돕는다.	
7	나는 나를 따르는 사람들을 위해 최선을 다한다.	
8	다른 사람들은 내 미래가 끝났다고 생각하지만 나를 잘 아는 중요한 타인 (부모 포함) 중 한 분은 나를 여전히 사랑하고 믿어주신다.	
9	나를 비난하는 사람들을 다시 만날 것을 알고 있다(또는 만났다).	
10	나를 비난하던 사람들을 만나면 그들에게 할 말이 준비되어 있다.	
11	나는 내 비전에 하나님의 간섭을 확실히 느낀다.	
12	나의 적이 나를 해치려 했으나 하나님이 나를 아름답게 이끌어주셨다.	
13	나는 다른 사람들을 도울 강한 기회들이 있었다.	
14	나는 곤경에 처했을지라도 내 할 일을 성실히 해낸다.	
합계		

* 요셉: 아버지로부터 편애를 받아 자기애성 성격을 가지고 있었다. 고난이 없었다면 아마도 자기 밖에 모르고 다른 사람의 추앙을 받는 것을 목표로 살았을 것이다. 상상할 수 없는 고난이 계속 되면서 죽고 싶을 정도로 힘들었지만 이 시기에 하나님을 깊이 만났다. 연단의 과정을 거친 후, 하나님이 주신 은사(지혜로운 꿈해석과 경영능력과 따뜻한 마음)를 잘 활용하여 당대에 가장 높은 자리까지 오르고 그 시대와 백성, 가족과 민족을 구원하는 자가 되었다.

2) 모세의 리더십: 주저하는 스타일

번호	내용	표시
1	나는 때때로 조바심을 느낀다.	
2	나는 종종 충동적으로 행한다.	
3	나는 내가 훈련받았던 수준에 못 미치게 일한다.	
4	나는 새로운 일을 하기에는 나이가 너무 많다.	
5	나는 과거에 나의 사명을 이루려고 노력했지만 성공하지 못했다.	
6	아무도 내 말을 들으려고 하지 않는다(또는 않았다).	
7	나는 다양한 문화적 환경에서 자랐다.	
8	내 주변에는 은혜를 모르는 불평가들이 많다.	
9	나는 혼자 너무 많은 일을 하려 한다는 비난을 듣는다.	
10	나는 결코 잊지 못할 광경을 목격했다(또는 인상에 깊이 남는 사건이 있다).	
11	나는 가끔 어디론가 사라져서 사람들이 내가 돌아올지 의심한다.	
12	나는 준비되지 않은 때에 하나님의 음성(소명)을 들었다.	
13	나는 사람들을 위해 열심히 봉사했는데 사태는 더 악화된 적이 있다.	
14	나는 믿는 바를 위해 기꺼이 나의 목숨을 내놓을 것이다.	
합계		

* 모세: 미천한 가정에서 태어나 다른 가정(왕의 가정)에 입양되어 정체성에 혼란이 있었다. 정체성을 확립하는 데 긴 시간이 걸렸으며(80년), 새롭게 하나님을 만나 민족의 리더로 부름 받았다. 부름 받는 과정에서 부르심을 거부하는 주저함과 불신 등의 반응을 보여 하나님의 노여움을 살 정도로 부정적 자아상과 고집이 많았다. 결국 자신의 성향을 부인하며 하나님께 믿음으로 순복하여, 그 시대와 이후로도 가장 뛰어난 리더로 인정받고 있다.

3) 룻의 리더십: 봉사와 헌신 스타일

번호	내용	표시
1	나는 다른 사람들을 위해 함께 있어 주는 것의 중요함을 안다.	
2	나는 전에 소중한 사람과의 관계를 잃은 적이 있다.	
3	사람들은 나에게 친절하다고 말한다.	
4	나는 다른 사람들이 하찮게 보는 일도 하찮게 보이지 않는다.	
5	나는 내게 사랑이 있는 한 모든 일이 옳게 되리라 믿는다.	
6	나는 말로 한(또는 사소한) 약속이라도 지키는 것이 중요하다고 생각한다.	
7	나는 나의 권리를 알고 있다.	
8	나는 미지의 세계로 모험하는 것이 좋다.	
9	나는 봉사가 가장 고귀한 소명임을 믿는다.	
10	나는 과거의 나와 내 소속에 대한 부정적인 악담에 개의치 않는다.	
11	나는 누군가를 사랑할 때 대가를 바라지 않는다.	
12	나는 진정한 사랑이 나를 안전지대로 이끌 것이라고 믿는다.	
13	나는 작은 친절이라 하더라도 그것이 큰 영향을 미칠 수 있다고 생각한다.	
14	나는 성실하고 친절하다고 평판이 나 있다.	
합계		

* 룻: 소수민족 출신이며 외국인으로서 이스라엘 가문의 며느리로 사는 것이 힘들었다. 하지만 더 힘든 것은 일찍 남편과 사별한 것이었다. 성실함과 분별력 있는 믿음이 자산이었다. 시어머니의 신앙을 자신의 것으로 삼고 타국에 와서 적응하는 과정에서도 꿋꿋함을 보여준 강인한 여성이다. 나이 많은 남자와 결혼하는 것을 부정적으로 생각하지 않을 정도로 하나님 중심의 가치관을 가지고 위대한 믿음의 가문(다윗가문, 예수님가문의 조상)을 일구어 냈다.

4) 느헤미야의 리더십: 변혁적 스타일

번호	내용	표시
1	나는 현재 나의 일을 좋아한다.	
2	나는 다른 나라의 사건이나 다른 사람들의 복지에 관해 관심 있게 질문한다.	
3	나는 지금 나의 리더를 믿고 존중한다.	
4	나는 구체적이면서도 과감하게 도움을 요청하는 데 두려움을 느끼지 않는다.	
5	나는 최근에 어떤 이야기를 듣고 마음이 아파 울었다.	
6	나는 다각도로 나의 성과를 점검하곤 한다.	
7	나는 나를 도와줄 사람들의 명단을 가지고 있다.	
8	나는 그들과 그들 가족들의 이름을 알고 있다.	
9	나는 내가 큰 과업을 하고 있음을 알고 있다.	
10	나는 내가 하는 일에 관하여 주변의 사람들에게 알렸다.	
11	나는 어떤 반대가 있을지 알고 있다.	
12	나는 나를 반대하는 사람에게 할 말을 가지고 있다.	
13	나는 항상 무기가 준비되어 있다.	
14	나는 사람들이 내가 한 일에 대해 기억해주고 계승해 주기를 바란다.	
합계		

　* 느헤미야: 포로 3세대인데도 조국애와 신앙을 가진 훌륭한 리더의 모델로 꼽힌다. 문제 이해력, 분별력, 실행능력 외에도 불굴의 정신과 고난을 극복하는 의지력은 우리나라의 이순신장군과 비교될 만큼 탁월하다. 하나님과 백성을 사랑하는 뜨거운 가슴으로 백성의 아픔을 나의 아픔으로 여기고 있었다. 생각한 것을 바로 실행에 옮기는 능력, 앎과 행함의 일치, 냉철한 지성을 겸비하였다. 오직 하나님만 의지하고 바라본 기도의 사람이다.

5) 에스더의 리더십: 시대의 흐름을 따르는 스타일

번호	내용	표시
1	나는 권력자(지도자)의 마음에 들었다.	
2	나의 진정한 정체(능력)를 아는 사람이 거의 없다.	
3	나에게는 나를 사랑하고 인도하는 사람, 또는 조언자가 있다.	
4	나는 내 가정이나 내 가까운 주변 외의 일에 관심이 없다.	
5	내 사명이 다른 많은 사람들의 삶에 중요한 영향을 미치고 있다.	
6	나는 내가 해야 할 일과 하지 않아야 할 일이 무엇인지 잘 알고 있다.	
7	나는 상상의 힘을 잘 알고 있다.	
8	나는 한꺼번에 일하는 것보다 순차적으로 일하는 것이 더 좋다.	
9	나는 목표를 달성하기 위해 필요한 전략과 전술을 가지고 있다.	
10	만일 내가 지금의 직장(일)을 사직하더라도 어떤 일이 일어날지 알고 있다(또는 준비되어 있다).	
11	나는 다른 사람을 도울 특별한 재능이나 힘이 있다.	
12	나는 곤경에 처했을 때 처음에는 주저하는 편이다.	
13	내가 해야 할 일이 분명해지면 목숨도 아끼지 않는다.	
14	나는 일을 해야 할 타이밍을 잘 알고 실행한다.	
합계		

* 에스더: 이스라엘 백성으로 태어나 강대국인 페르시아의 왕비의 자리에까지 올랐다. 조국이 위기에 몰리자 왕비로 간택된 하나님의 뜻을 물으며 고민하였다. 하나님의 뜻을 실행하기 위해서는 '죽으면 죽으리라'의 결단과 고뇌를 거쳐야 했다. 이 과정에서 삼촌의 비난과 직면이 있었지만 결국 극복하고 일사각오의 자세로 나아가 민족을 구원하였다.

• 가장 표시가 많은 유형이 나의 리더십 스타일이다. 나에게 적용해보고 어떤 생각이 들었는가?

3. 나의 리더십

리더십 스타일은 그 사람의 성격, 능력, 살아온 환경, 믿음의 수준에 따라 다르다. 하나님은 사람을 모두 다르게 창조하셨다. 그러므로 나와 다른 사람의 스타일을 존중하자. 공동체 안에 여러 다양한 스타일이 있을 때 더 바람직한 방향으로 나아갈 수 있다.

다음의 리더십 스타일을 보고 당신은 어떤 스타일인지 살펴보자. 가장 표시가 많이 된 유형이 당신의 스타일이다.[3]

3) 한스 핀젤(280-281)과 한홍(155-167)의 내용과 저자의 경험을 참조하여 만들었다.

1) 비전가형

앞으로 나아가야 할 방향에 대하여 분명한 그림을 가지고 있는 사람

번호	내용	표시
1	미래의 새 비전을 제시하고 길을 보여주는 것이 좋다.	
2	항상 기존의 틀을 깨려고 한다.	
3	개척하는 것이 재미있고 남을 모방하지 않는다.	
4	언제나 새로운 것을 추구하며 모험이 두렵지 않다.	
5	각 개인으로부터 최선의 것을 이끌어 내기 위하여 노력한다.	

2) 전략가형

비전이 실현가능하도록 실행 계획을 구체적으로 세우는 사람

번호	내용	표시
1	비전을 현실화시킬 수 있는 구체적인 방법에 관심이 많다.	
2	주어진 재능과 시간, 인적, 물적 자원을 잘 활용한다.	
3	주어진 자원을 가지고 무엇에, 먼저, 어떻게 쓸 것인가를 적절하게 결정한다.	
4	비전을 구체적으로 현실에 적용할 수 있는 전략과 아이디어가 많다.	
5	비전을 제시하고 실천에 옮길 수 있다.	

3) 조정가형(재창조형)

시대의 흐름에 따라 방향을 전환하거나 새롭게 정비하는 능력을 가진 사람

번호	내용	표시
1	시대와 상황에 맞는 유연성이 있다.	
2	문제를 직시하고, 가장 중요하고 최우선적인 일에 초점을 맞출 수 있다.	
3	과거에 실패한 것을 교훈 삼아 같은 실수를 되풀이하지 않는 편이다.	
4	공동체가 바꾸어야 할 것이 무엇인지 그 길과 방법을 제시한다.	
5	매너리즘과 교만에 빠져 정체 상태에 있어도 개혁을 실행할 수 있다.	

4) 경영가형

조직이 균열 없이 제대로 굴러가도록 관리할 수 있는 능력을 가진 사람

번호	내용	표시
1	상당한 치밀성과 정확성, 성실성이 있다.	
2	비전제시형이 꿈을 던지고, 전략가나 조정형이 구체적인 계획을 짠다면, 경영형은 조직의 작은 부분에서 실행되도록 챙겨주는 일을 한다.	
3	옳은 일을 하는 것 보다 일을 옳게 하는 능력이 있다.	
4	목적한 바에 따라 계획된 일을 실행해 나가는 힘이 있고 그 과정이 재미있다.	
5	점검하고 챙기는 것이 힘들지 않다.	

5) 목양가형

사람의 필요를 감지하여 적절히 잘 채워주고 따뜻한 사랑으로 양육하는 사람

번호	내용	표시
1	상처 입은 사람의 독특한 필요를 잘 알아낸다.	
2	마음을 잘 위로하고 용기를 주어 다시 시작할 수 있도록 한다.	
3	인격적인 태도와 상담적 기술을 갖추고 힘든 사람을 도울 수 있는 실력이 있다.	
4	사랑과 공감 능력이 많다.	
5	싸매어주고 보듬어주는 일에 보람을 느낀다.	

6) 위기 대처형

상황이 위급하고 위기가 닥쳐도 당황하지 않고 사람들에게 용기를 주는 사람

번호	내용	표시
1	위기 중에도 지혜롭게 헤쳐나오는 능력이 있다.	
2	어떤 힘든 상황에서도 꿋꿋이 문제를 해결해내는 힘이 있다.	
3	필요한 자원들을 활용하여 위기를 극복해나간다.	
4	힘든 일일수록 에너지와 집중력이 더 커진다.	
5	어려운 일을 해결했을 때 뿌듯함을 느낀다.	

7) 조언가형(상담가형)

타인이 바른 결정으로 문제를 해결할 수 있도록 돕고 용기와 격려를 주는 사람

번호	내용	표시
1	지혜롭고 침착하며 따뜻하고 용기가 있다.	
2	군중보다는 일대일 혹은 소그룹 상황에서 분명한 방향제시를 잘한다.	
3	친절한 마음과 격려의 마음을 가지고 있으면서도 때로 따끔한 충고와 조언을 아끼지 않는다.	
4	다른 사람이 문제를 잘 해결하지 못하면 도와주고 싶다.	
5	때때로 공감보다는 해결제시가 더 좋다.	

8) 지휘자형

어떠한 순간에도 구성원들이 목표한 일을 잘 할 수 있도록 지시하고 지휘하는 사람

번호	내용	표시
1	복합한 문제들을 세심하게 헤쳐나갈 수 있다.	
2	여러 다양한 상황에서도 리더십을 행사할 수 있다.	
3	자신이 모르는 분야라 할지라도 공동체의 유익을 위해 어떻게 지시해야 할지를 안다.	
4	사람과 상황을 골고루 안배할 수 있다.	
5	스스로 직접 일을 하기 보다 전체적인 안목을 가지고 전체를 조정하는 능력이 있다.	

- 당신은 어느 스타일인지 검토해보자. 당신의 리더십 스타일이 마음에 드는가? 그렇지 않다면 왜 그런지 나누어보자.

- 내가 속한 소그룹의 멤버들은 어떤 리더십인지 살펴보고 서로를 피드백하며 소감을 나누어보자.

이 강을 정리해 보자

1. 전체 내용 정리

2. 새롭게 배운 점

3. 결심한 점

 **3강** 리더십과 팔로워십

| 목표 |

이 세상에 영향력을 미치는 리더십과 팔로워십은 무엇인지 살펴보고

자신의 삶에 적용하도록 한다.

| 주제말씀 |

말씀하시되 나를 따라오라 내가 너희를 사람을 낚는 어부가

되게 하리라 하시니(마 4:19)

1. 성경적 팔로워십

리더십에 대해 흥미있는 사실은, 예수님이 리더십에 대해 언급한 적이 거의 없다는 것이다. 그러나 따르는 일에 대해서는 무수히 많은 말씀을 하셨다.

나를 따르라 그러면 내가 너를 사람 낚는 어부가 되게 하리라(마 4:19)

이것은 우리가 다른 사람들을 이끄는 리더가 되기 위해서는, 먼저 따르는 법을 배워야 함을 의미한다.

또 자기 십자가를 지고 나를 따르지 않는 자도 내게 합당하지 아니하니라(마 10:38)

영적 리더는 리더가 되기 전에 먼저 자신의 문제를 다스릴 수 있는 힘을 갖추고, 자신의 욕망과 이기심을 부인하며 주를 따라야 한다. 잘 따라가는 자가 나중에 좋은 리더가 된다. 즉 좋은 리더는 먼저 좋은 팔로워이어야 한다. 좋은 팔로워가 되지 않으면 좋은 리더가 되기 어려운 것이다.

팔로워로서의 모범에 있어서도 우리의 주님이 단연 최고의 모델이 되신다. 예수님께서는 성부 하나님의 뜻을 온전히 따르셨다. 예수님은 성부와 동등한 하나님이시지만 성부의 뜻에 따라 십자가라는 고난에 묵묵히, 아무 말 없이, 아무 저항 없이 순종하셨다.

그가 아들이시면서도 받으신 고난으로 순종함을 배워서......(히 5:8)

그러므로 영적 리더가 되고자 하는 모든 사람은 먼저 따르는 자가 되어야 한다. 우리의 지위, 나이, 경험, 학벌, 능력에 상관없이 먼저 철저하게 하나님께 순종하는 사람, 예수 그리스도의 제자가 되어야 영적 리더의 자격을 갖추게 되는 것이다.

따르는 자에 대한 개념은 기독교적 관점과 일반적 관점에서 차이가 있다. 일반적 관점에서는 위대한 이인자의 목표는 위대한 일인자가 되는 것에 있다. 세상적인 측면에서 이인자는 별로 가치가 없다. 그래서 이인자가 아닌 일인자가 되도록 압박을 받는다.

그러나 우리 그리스도인들은 영원히 위대한 이인자로 살아야 한다. 일인자는 오직 하나님 한 분 뿐이시다. 모세도, 여호수아도, 다윗 왕도 영원한 이인자이다. 우리가 아무리 뛰어나고 훌륭하다 할지라도 모두 이인자인 것이다.

평생 이인자, 즉 팔로워로 사는 정신이 팔로워십이다. 성경적 팔로워십은 청지기 정신(Stewardship)이다. 하나님이 나에게 맡기신 일, 사명을 기쁘게 감당하면서 오직 주만 바라보고 따라가는 정신이다.

'팔로워(follower: 따르는 자)'란 무조건 리더가 시키는 대로 하는 사람이 아니다. '팔로워'라는 단어는 '돕다, 후원하다'란 뜻의 독일어 '폴라지오한(follaziohan)'에서 유래되었다(한홍, 2000, 67). 그러므로 따르는 자는 리더가 제시한 비전을 파악해서 그를 돕기 위해 충성함으로 헌신하는 자이다.

결국 팔로워는 섬기는 종이다. 섬기는 종은 종의 마음과 가슴, 종의 가치관과 태도를 가졌으나, 동시에 리더의 비전과 성실성, 창조적인 마음으로 어떤 일이든 잘 해결하는 능력을 가진 자이다(Hansel, 1999, 222). 이를 위해서 팔로워는 자신의 리더에게 잘 배우고 순종함으로 따라야 한다. 우리의 리더는 오직 한 분 예수님이시지만, 예수님이 따르라 명령하시는 리더에게도 순종해야 한다.

디모데는 하나님의 사람 바울을 따랐으며, 바울이 부탁한 사람들을 섬겼다. 바울은, 자신이 목숨과 마음과 뜻을 다해 예수님을 따랐듯이, 자기를 따르는 자들에게 '내가 그리스도를 본받는 자 된 것 같이 너희는 나를 본받는 자가 되라(고전 11:1)'고 하였다. 바울은 자기를 잘 따르는 디모데를 '예수 그리스도의 일을 구하는 자(딤전 6:3)'라고 하였다. 팔로워는 리더를 하나님같이 여기며 순종할 수 있어야 한다. 뿐만 아니라 팔로워로서의 인격과 능력을 겸비해야 한다.

• 따르는 자가 무엇인지 정리해보자. 그리고 위 글을 읽고 어떤 생각과 느낌이 들었는지 나누어보자.

2. 팔로워에게 필요한 것

1) 팔로워에게 필요한 기술

잘 배우는 학생이 나중에 잘 가르치는 교사가 될 수 있듯이 좋은 리더가 되기 위해서는 먼저 따르는 일을 잘 해야 한다. 좋은 팔로워는 다른 이들과 함께 일할 수 있는 융화력, 스포트라이트를 받지 않고도 성실히 일할 수 있는 겸손, 자신을 희생하여 공동체 전체가 목표에 도달할 수 있도록 하는 헌신적인 노력, 리더를 믿고 그의 약한 점을 감싸줄 수 있는 넓은 마음과 포용력이 필요하다. 이 외에도 팔로워에게 필요한 바람직한 기술을 다음의 다섯 가지로 정리할 수 있다(한홍, 2000, 69).

첫째, 독립적이고 창조적이며 객관적인 사고 능력을 가지도록 훈련한다.

둘째, 리더의 목표와 공동체의 수준을 조율하여 리더를 보좌하는 능력이 필요하다.

셋째, 리더의 부름에 겸손하게 순종하기 위해 절제 있는 자기 관리를 해야 한다. 자기 관리란 성실함으로 신뢰를 쌓고, 반대 의견을 제시할 때 분명한 대안을 겸손하게 제시한다.

넷째, 자신의 탁월함으로 자신의 이름을 드러내는 데에 사용하는 것이 아니라 리더와 공동체를 위해서 헌신한다.

다섯째, 리더와 팔로워의 역할 사이를 자연스럽게 오갈 수 있는 유연한 사고와 공감적인 능력을 갖춘다.

• 팔로워에게 필요한 기술을 보고 당신은 어떠한지 적용해보자.

2) 팔로워의 덕목

리더에게 있어야 할 자질은 멀리 앞을 내다볼 수 있는 능력, 감화력 등이 중요하다. 이는 리더에게 필요한 자질이 비전을 세우고 전달하고 실천할 수 있는 능력임을 보여주는 것이다. 하지만 팔로워에게 요구되는 자질은 협조성, 남의 부족을 보완해 줄 수 있는 넓은 마음 등이다. 따르는 이에게는 융화력과 부드러운 인격이 우선이라는 것이다.

좋은 팔로워가 되기 위해서 구체적으로 어떤 덕목들이 필요한지 생각해보자(한홍, 2000, 61-65).

① 헌신

훌륭한 팔로워들은 한 개인에게 충성하기보다 사명과 비전에 대해서 헌신한다. 많은 카리스마적 리더들은 팔로워들을 자신들의 개인 추종자들로 만들려고 한다. 또한 추종자들의 충성을 개인 리더에 대한 충성으로 착각하거나 그렇게 유도하기도 한다. 탁월한 팔로워는 리더가 추구하고 있는 비전이 하나님께로부터 온 비전이라는 확신 때문에 그를 따른다.

② 전문성과 집중력

아무리 헌신이 잘 되어 있어도, 팔로워들이 각자에게 주어진 임무를 완수할 수 있는 능력과 전문성을 가지고 있지 않다면 그 헌신은 아무런 힘이 없다. 만약 선장이 출항을 지시했는데도 선원들이 배에서 자신이 맡은 부분을 조작하는 방법을 모른다면 그 팔로워는 필요 없는 존재가 될 것이다. 탁월한 팔로워들은 자신에게 주어진 임무를 잘 감당하기 위해서 끊임없이 자신의 능력을 창조적으로 다듬어 가며 배우는 데도 적극적이어야 한다.

③ 용기

여기서 말하는 용기는 맹목적인 순종의 용기를 말하는 것이 아니라 리더가 제시하는 방향이 옳으면 목숨까지 거는 용기이다. 뿐만 아니라 리더라 할지라도 영성이나 도덕성이나 판단력을 상실할 때는 오래 기도한 후에 겸손하게 말할 수 있는 용기이다.

④ 정직하고 현명한 평가 능력

팔로워는 자신의 수행능력을 스스로 평가할 뿐 아니라 리더로부터 정기적으로 평가를 받아야 한다. 평가에 대해 부정적으로 생각하기 쉬운데, 수준 높은 수행능력은 높은 수준의 평가에서 나온다. 평가의 목적은 리더십을 세워주고 팔로워를 성공시키기 위한 것이지 결코 깎아내리기 위한 것이 아니다.

- 팔로워의 덕목을 보며 당신에게 적용해보라. 그리고 앞의 팔로워의 기술을 볼 때 팔로워로서의 자신을 어떻게 평가할 수 있겠는가?

3) 팔로워의 함정 조심하기

팔로워로서 가장 힘든 싸움은 무엇보다 자기 자신과의 싸움이다. 가장 무서운 적이 자기 자신이다. 자신의 욕망, 나약함, 게으름과 싸워 이기기는 아주 어렵다. 하나님이 기뻐하시는 좋은 팔로워가 되기 위해서 무엇을 조심해야 할지 살펴보자.

① 리더를 불신하고 비판하는 것

팔로워로서 리더를 불신하는 것은 리더의 존재를 거절하는 태도이기에 치료가 필요하다. 팔로워는 리더가 약점이 있더라도 그를 도울 책임이 있다. 팔로워들이 퍼뜨리는 근거 없는 소문, 무례한 언어와 반항, 무책임한 행동들이 리더를 죽이며 공동체를 파괴한다. 한 저명한 리더십 전문가는 리더십을 공격하는 이런 힘든 팔로워들을 '숨어있는 상어들'이라고 불렀다.

② 리더보다 더 높아지려 하는 것

자기를 더 높이고 싶어서 리더의 생각이나 가치관을 따르기보다 자신의 생각을 더 앞세우는 것은 교만이다. 교만은 자기 자신만을 숭배하기에 남에 대하여 비판적인 자세를 갖는다. 교만한 사람은 남의 눈의 티는 보면서 자기 눈의 들보를 보지 못한다. 필로워가 이런 교만한 마음을 다스리지 못하면 어리석게도 가룟 유다가 될 수 있다. 인생은 누구나 이러한 덫에서 자유로울 수 없는 연약한 존재이다.

③ 자신의 지도력에 대한 점검을 하지 않는 것

리더와 팔로워는 역할의 차이이지, 계급의 차이가 아니다. 누가 높고 누가 낮은 것의 문제가 아님을 인식한다면 팔로워이기 때문에 수동적이 되거나 소극적이 될 필요가 없는 것이다. 그런데 팔로워를 리더 보다 낮은 지위라고 생각한다면 게을러지고 창의성을 발휘하지 않게 된다.

팔로워로 있을 때 자신의 능력을 다 발휘하지 않고 소극적인 자세로 있다가 리더가 됐을 때 영향력이 발휘되면 검증되지 않은 리더십이기에 여러 가지 문제가 발생할 수 있다. 팔로워로 있을 때에는 실수가 큰 문제가 되지 않지만, 리더가 되었을 때 실수하면 지도력에 치명적인 결과를 낳는다. 그러므로 팔로워로 있을 때 자신의 부족은 무엇인지, 고칠 점은 무엇인지 점검받아야 한다. 리더로서의 덕목은 팔로워로 있을 때 점검받아야 한다.

• 팔로워의 함정을 보며 당신에게 적용해보라.

3. 리더의 자질

1) 리더의 덕목

위대한 리더는 어떤 사람이며, 어떤 자질이 필요할까?[4]

먼저 잠언에서 요구하는 리더의 덕목이 무엇인지 살펴보자(조용식, 2013, 59-64).

첫째, 지혜와 총명이다(잠 21:22, 24:5-6). 지혜와 관련된 단어인 지식, 명철, 의논 등은 모두 하나님께로부터 나온 것이다. 하나님만이 지혜에 이르는 길이며, 지혜의 원천이다. 결국 지혜란 하나님이 말씀하신 것에 순종하며 살아가기로 동의하는 능력이며, 하나님의 다스리심 아래서 살아가는 기술이다. 이때 창조된 질서의 아름다움과

---

3) 리더에게 가장 중요한 자질은 성품(인격)이다. 이 부분에 대해서는 저자의 저서인 『비전과 리더십(다세움)』과 『비전의 사람들(다세움)』에서 자세히 다루었으므로 참고하기 바란다.

정교함, 풍성함과 미묘함, 다양함과 장엄함의 조화를 분별할 수 있는 능력을 가지게 된다(Boa, etc., 2007, 210-211).

참된 지혜를 얻기 위해서는 여호와를 경외해야 한다.

> **여호와를 경외하는 것이 지혜의 근본이요 거룩하신 자를 아는 것이 명철이니라 (잠 9:10)**

솔로몬이 일천번제를 드리면서 하나님께 지혜를 구했을 때, 하나님께서는 지혜와 함께 넓은 마음도 주셨다(왕상 4:29). 영적 리더에게 요구되는 지적인 능력은 의논할 줄 아는 능력이며, 경청할 줄 아는 수용 능력이다. 그러나 세상적 지혜는 상대방을 제압하여 눌러서 자신이 성공하기 위한 기술이다. 이런 맥락에서 세상의 지혜는 하나님의 지혜에 비하여 매우 낮은 수준 이기 때문에 영적 리더는 이 둘을 혼동하지 말아야 한다.

둘째, 인재 등용능력이다. 리더는 자연스럽게 인재를 등용하는 능력이 필요하다.

> **많은 사람이 각기 자기의 인자함을 자랑하나니 충성된 자를 누가 만날 수 있으랴(잠 20:6)**

인재 등용 능력에는 슬기로운 자와 누를 끼치는(게으르고 무능하고 버릇없는) 자를 구별하는 능력, 정직하게 말하는 자를 기뻐하는 능력, 마음이 청결한 자와 친구가 되는 능력, 업무 수행 능력이 있는 자를 적재적소에 배치하는 능력이 포함된다.

이 외에도 잠언에서는 악 또는 악인을 제하는 능력(잠 20:26, 24:24-25, 29:2, 29:12), 공의를 행하는 능력(잠 14:34, 16:12, 28:16, 29:4), 진노를 다스리는 능력(잠 16:14, 16:32, 19:12) 등을 제시하고 있다.

바비 클린턴은 수백 명의 기독교 리더들을 연구하면서 그들의 삶 전반에 걸친 특성 여섯 가지를 발견하였다(Clinton, 1994, 13-14).

- 그들은 하나님과의 생생한 교제를 유지하고 있다. 하나님과의 관계는 성공적인 리더십을 위한 우선 순위 중 최우선을 차지한다.
- 그들은 평생 배우고 성장하는 자세를 유지하고 있다. 리더들은 배우는 자들이다. 목적지에 도달했다고 이제 쉬어야겠다는 태도를 취하지 않는다.
- 그들은 성령의 열매인 그리스도의 성품을 나타내고 있다. 그들을 개인적으로 알고 있는 사람들은 "당신이 보고 있는 그대로가 바로 그 사람"이라고 인정한다.
- 그들은 실제 삶에서 확신에 찬 생활을 하고 있다. 효과적인 리더들은 말만 하는 사람이 아니라 행하는 사람들이다.
- 그들은 한두 가지의 궁극적인 기여를 한다. 특히 교회에 중요한 기여를 하며, 사람들에게 알려지지 않더라도 하나님의 일에 지속적인 기여를 한다.
- 그들은 하나님이 주시는 소명의식으로 흔들리지 않는 삶을 산다. 또한 자기들의 인생에 대해서 하나님께서 이끌고 계신다고 확신하고 있다. 그 계획이 완수되는 것을 보기까지 흔들리지 않는 단호함을 가지고 있다.

- 바비 클린턴이 말한 리더의 특징을 보고 생각나는 리더가 있는가? 당신은 어떠한가? 당신에게 있는 점과 없는 점을 살펴 보고 어떤 깨달음이 있는지 나누어보자.

2) 리더에게 필요한 능력

① 격려

격려는 영향력을 끼치는 가장 강력한 무기들 중 하나이다. 격려한다는 것은 따르는 사람들에게 용기를 주는 것이다. 그러므로 리더들은 늘 격려의 손을 내밀어야 한다. 격려가 필요한 이유는 인간이 본성상 쉽게 낙담하는 경향성이 있기 때문이다.

조지 아담스는 "격려는 영혼에 주어지는 산소와 같다."고 말했다.

격려하는 사역을 감당하기 위해 다섯 가지를 제안하고자 한다(Finzel, 1988, 127).

첫째, 관심을 기울여서 섬세하게 격려하라.

둘째, 위기가 왔을 때 위로하며 격려하라. 부정적인 언급보다는 긍정적인 언급을 함으로 힘을 북돋우라.

셋째, 일을 잘했을 때 칭찬으로 격려하라. 격려하는 리더는 사람들이 일을 잘 했을 때 잘했다고 칭찬해주는 것을 트레이드마크로 삼는다.

넷째, 일을 잘 못했을 때에도 공감적으로 격려하라. 먼저 그를 살려주기 위해 격려하라. 힘을 얻어야 다시 비전을 향해 갈 수 있다. 진짜 잘못했다고 느낄 때 가장 격려가 필요한 법이다.

다섯째, 기회가 있을 때마다 호감을 나타냄으로 격려하라. 당신이 리더라면 멤버들에게 좋아하고 있다는 것을 매일 알려주는 습관을 반드시 개발하도록 하라.

② 의사소통

예수님은 군중과 제자들에게 비유를 들어 말씀하신 후 물으셨다.

"이 모든 것을 깨달았느냐?(마 13:51)"

이해는 의사소통의 필수 요소다. 만약 이해가 되지 않거나 의미를 깨닫지 못한다면 진정한 의사소통이 아니다. 하나님이 세우신 리더는 효과적인 의사전달자가 되어야 한다.

하나님이 쓰시는 리더는 성령의 교훈과 감동을 그대로 전달하며, 주께서 의도하신 대로 말하고 행동하는 사람이다(고전 2:4-5). 의사소통이 서툰 리더는 비전에 초점을 맞추지 않고 팀원의 질문과 필요에 관심을 기울이지 않는 경우가 많다. 은사가 무엇이든 간에 리더들은 효과적인 의사 전달자가 되어야 한다.

의사소통방법에 대해서 저자가 쓴 '의사소통훈련(도서출판 다세움)'을 추천하고자 한다(심수명, 2012b, 198-199). 심정대화법은 말하는 사람과 듣는 사람이 서로 생각과 감정과 의견이 다를 수 있음을 전제로 하고, 듣는 사람이 말하는 사람의 말을 ① 경청한 후 ② 그 내용을 요약하고 ③ 그 심정을 알아준 후 ④ 자신의 심정을 전달하는 대화기술이다.

③ 기도

예수님께서는 열두 제자를 선택하시기 전에 혼자 산에 가서 조용히 기도하셨다. 예수님께서는 어떤 일을 결정하시기 전에 항상 먼저 기도하셨다. 우리는 다른 사람을 진정으로 돕기 전에 하나님의 뜻을 묻는 거룩한 고독의 시간을 먼저 가져야 한다. 우리는 종종 이 순서를 역행하곤 한다. 혼자 감당할 수 없는 일을 자신의 힘으로 해보다가 너무 힘이 들면 그때서야 기도를 하곤 한다.

영적 리더는 하나님께 기도함으로 강력한 믿음과 뜨거움과 진실함을 얻어야 한다. 그때 전 세계 곳곳에 복음을 확산시킬 수 있는 힘을 얻게 될 것이다(Bounds, 1990, 103). 규칙적인 기도는 리더의 생활방식이 되어야 한다.

기도의 사람이 되어야 한다는 절대적인 우선성과 긴급성을 이해하지 못하는 사람은 영적인 리더가 될 가능성이 전혀 없다(Blackaby, 1997, 14). 기도는 전능하신 하나님과 만나는 은총의 길이다.

- 리더에게 기도가 얼마나 중요한지 정리해보고 다음 말씀을 묵상하면서 그 깨달음을 나누자.

  내가 여호와께 간구하매 내게 응답하시고 내 모든 두려움에서 나를 건지셨도다
  그들이 주를 앙망하고 광채를 내었으니 그들의 얼굴은 부끄럽지 아니하리로다
  이 곤고한 자가 부르짖으매 여호와께서 들으시고 그의 모든 환난에서 구원하셨도다(시편 34:4-6)

④ 열정

리더들은 자신의 내면에 하나님의 영이 살아 숨 쉬고 있는 그 뜨거운 열정을 나타내야 한다. 숨어있는 열정이 살아나게 해야 한다. 그 열정을 찾아 드러나게 하고 그 열정을 모든 사람들이 보고 느낄 수 있도록 해야 한다(심수명, 2010, 23).

열정은 불이요, 사랑이다. 열정은 높은 산을 오르고, 바다를 통과하고, 장애물을 극복하는 원동력이다. 열정은 고난 중에도 전진하게 한다. 열정은 자신을 움직일 뿐 아니라 다른 사람에게 전달되기도 한다(강준민, 2002, 90). 그렇다고 리더가 멤버에게 억지로 열정을 주입시키는 것은 잘못이다. 아무리 능력과 지식이 뛰어나도 자신의 능력과 은사가 그 일과 맞지 않으면 일하는 구성원들에게는 열정이 솟을 리 없다.

⑤ 자기 훈련

모든 위대한 리더들은 리더로서 가장 중요한 덕목 중의 하나가 자기 훈련과 자기 성장이라는 것을 알고 있다. 자기 자신을 이끌지 못하는 리더는 다른 사람들도 이끌 수 없다. 뿐만 아니라 리더는 자기가 가보지 않은 길로 사람들을 인도할 수 없다(Maxwell, 1993, 255-257). 그래서 리더는 자신을 잘 훈련해야 한다

리더로서 자신을 훈련해 나가는 과정은 인내 없이는 갈 수 없는 길이다. 또한 훈련해야 하는 과제도 참으로 다양하다. 리차드 포스터가 『영적 훈련과 성장』에서 제시한 '내적 훈련, 외적 훈련, 단체 훈련'은 영적 리더에게 아주 적합한 훈련이다(Foster, 2009).

- 내적 훈련: 묵상, 기도, 금식, 학습 훈련
- 외적 훈련: 단순성(정직), 홀로 있기, 복종, 섬김 훈련
- 단체 훈련: 고백, 예배, 인도하심, 경축 훈련

- 자기 훈련을 보며 당신은 어떤 점이 부족한지 생각해보자.

⑥ 문제 해결 능력

우리는 살아가면서 끊임없이 문제를 만난다. 그러므로 리더는 문제 해결 능력이 절대적으로 필요하다. 문제가 발생할 때 사람들은 문제를 해결하기 위해 제일 먼저 가족과 친구를 찾는다. 그리고 그 다음에 성경과 책, 그리고 목회자를 찾으며, 드물게는 테이프와 직장 상사, 그리고 상담가를 찾는 것으로 나타났다(Maxwell, 1993, 127).

문제 해결 능력을 키우기 위해서는 가까운 가족이나 친한 사람보다는 목회자나 영적 리더, 상담적 능력이 있는 사람의 도움을 받는 것이 바람직하다.

심각한 문제가 있다고 하는 대부분의 사람들은 대수롭지 않은 '문제들'을 진짜 큰 문제들로 만드는 경향이 있다. 중요한 것은 어떤 일이 일어났느냐가 아니라, 일어난 일에 대해서 어떤 반응을 하느냐다. 훌륭한 리더들은 장애물을 성공의 디딤돌로 삼는다. 훌륭한 리더는 문제를 초기에 인식하고 해결한다(Maxwell, 1993, 135).

문제 해결의 과정을 다음과 같이 제안하고자 한다.

1단계: 문제의 정체를 파악하라

2단계: 문제의 우선 순위를 결정하라(한번에 한 문제씩 해결할 수 있도록 순서를 정하라.)

3단계: 문제를 정의하라(올바른 질문을 하고, 올바른 사람에게 말하고, 정확한 정보를 수집하고, 문제 해결에 직접 참여하라)

4단계: 문제 해결 과정에서 도울 사람들을 선택하라

5단계: 문제의 원인들을 수집하라

6단계: 문제 해결책들을 수집하라

7단계: 해결책의 순서를 결정하고 최선의 해결 방안을 시도하라

8단계: 해결방안을 평가하고 문제의 재발을 방지하는 원칙이나 정책을 세워라

이러한 과정에 따라 문제를 해결해가기 위해서는 당신 주위에 도움을 받을 수 있는 사람들을 가까이 두어야 한다(Maxwell, 1993, 144-152).

• 문제 해결 능력에 대해 정리해보고 평소에 당신은 어떻게 했는지 평가해보라.

- 리더에게 필요한 능력 6가지를 보면서 당신의 리더는 어떠한지 살펴보고, 당신에게 있는 점과 없는 점을 찾아보자.

4. 리더의 함정

다음의 내용들은 리더들이 마주쳤던 함정과 위험들이다. 잘 숙지하여 리더의 길을 갈 때 난관을 헤쳐나가는 데 도움이 되길 바란다.

1) 돈의 함정

재정 문제로 꿈을 접는 리더들이 많다. 그들은 재정적인 능력을 의존하는 것만큼 하나님의 능력을 의존하지 않는다. 신실한 영적 리더는 부족한 재정은 하나님이 채우신다는 믿음과 함께 말씀대로 순종하면 물질적인 복 뿐 아니라 그 외에 필요한 모든 것도 주신다(마 6:33)는 영적 경영 원리를 붙잡는 것이 중요하다.

리더가 삶의 전투에서 승리할 수 있는 비결은 돈을 추구하는 것이 아니라 예수님을 따르는 순종에 있다.

- 영적 경영 원리가 무엇인지 정리해보자. 당신에게는 돈의 함정이 없는가? 있다면 이것을 해결하기 위해 어떻게 하면 좋을지 생각해보자.

2) 무능하다는 느낌

당신에게 주어진 사명에 대해 '이 일은 내가 감당하기에 너무 힘들다'라고 말한다면 이것이야 말로 하나님의 능력이 당신을 통해 나타나는 엄청난 축복을 잃어버리는 가장 큰 함정이 될 것이다. 이것을 믿음으로 극복하지 못하면 당신은 비전을 향해 한 걸음도 내딛을 수 없다(Jones, 1996, 193). 나의 무능함 때문에 전능하신 하나님이 계신 것이다.

• 아래 내용을 보고 당신에게 해당되는 것이 무엇인지 표시해보라. 그리고 아래의 빈 칸에 당신이 가지고 있는 열등감이나 무능감은 무엇인지 기록해보자.

	열등감(무능감)의 내용	성경인물	표시
1	나는 위대한 연설가가 아니다. 사람들 앞에서 연설을 하느니 차라리 죽는 게 낫다(말, 의사소통능력의 문제).	모세	
2	나는 보잘 것 없는 집안 출신이다(소유, 외모, 능력의 문제).	사울	
3	나는 리더가 되기에는 너무 어리거나, 나이가 많다(사람들의 인정의 문제).	예레미야	
4	나는 부정한 과거를 가졌다(나의 실수, 실패의 문제).	이사야	
5		나 자신	

3) 다른 사람들의 비난

리더로서 당신의 노력에 대한 비난이나 비판의 말을 듣거나, 혹은 뒷담화를 듣기 전까지 당신은 일이 꽤 잘되고 있다고 느낄 것이다. 그러나 성경의 위대한 리더들 또한 당신과 똑같은 비난을 받았고 좌절도 겪었다(Jones, 1996, 196).

다윗이 형들에게 점심을 주러 갔을 때, 그는 군인들이 골리앗의 위협에 떨며 막사

안에 움츠리고 있는 것을 보고 이 거인을 처리하여 이스라엘의 위엄을 되찾아야 한다고 말하였다. 그때 맏형 엘리압이 "네가 왜 이곳에 와서 그런 말 하느냐? 양은 누구에게 맡기고 왔느냐? 네가 교만하고 완악하고, 전쟁 구경하러 왔구나(삼상 17:28)"라며 분노를 퍼부어 댈 때 다윗은 모욕 가운데서도 끝까지 자기 신념을 굽히지 않았다.

- 당신이 살아오면서 가장 힘들고 괴로웠던 비난은 무엇이며, 누구로부터 들었는가? 그 내용을 개방할 수 있을 만큼 개방해보고, 그를 용서하기 위해 하나님의 은혜를 구하라.

4) 멤버들의 불평

멤버들은 사랑받고자 하는 마음 때문에 자신의 삶에 일어난 사소한 일도 도와주지 않는 리더에 대해 불평하거나 원망할 수 있다. 이때 위대한 리더라도 의기소침해지며 힘을 잃어버린다. 이런 경우 리더의 비전이 흔들린다.

모세도 백성들이 "우리는 매일 만나만 먹는 것에 싫증났다. 우리가 애굽에 있을 때는 그래도 잘 먹었는데……"라며 과거를 그리워하며 앞으로 나아가기를 거부했을때 그는 하나님을 원망하며, 낙심하고 힘을 잃었다.

- 위 글을 보고 생각나는 것은 무엇인가? 위로받을 것과 회개할 것이 있다면 나누어 보자.

5) 일곱 가지 치명적 실수

존 맥스웰은 탁월한 리더들이 저지르기 쉬운 잘못 7가지를 조심하라고 하였다 (Maxwell, 1993, 288).

- 존경받기 보다는 모든 사람들이 좋아하는 사람이 되기를 힘쓴다.

- 다른 사람들의 충고나 도움을 구하지 않는다.

- 기술보다는 규율을 강조함으로써 개인의 달란트를 약화시킨다.

- 비판을 건설적으로 수용하지 않는다.

- 조직 내 사람들의 책임 의식을 계발시키지 못한다.

- 모든 사람을 천편일률적인 방법으로 대한다.

- 사람들에게 계속적으로 정보를 제공하지 않는다.

• 위의 함정 중에서 당신이 평소에 잘 빠지거나 약한 부분이 있다면 그것이 무엇인지 나누어보자. 그리고 그것을 극복하기 위해 어떻게 해야 하는지도 생각해보자.

- 다음은 탁월한 리더들이 가지고 있는 특성들이다(Maxwell, 1993, 309–310). 당신은 현재 어느 정도인지 체크해 보고, 부족한 부분이 많다 하더라도 좌절하지 말고 앞으로 더욱 더 발전해갈 모습을 상상하고 믿음으로 나아가라.

번호	내용	체크
1	꼭 필요한 때에 적절한 방법으로 영향력을 발휘한다.	
2	비난은 자기에게, 칭찬은 다른 사람에게 돌린다.	
3	사람들을 인도하기 이전에 자기 자신을 바로 인도하려고 노력한다.	
4	적당한 해결책이 아닌 늘 최상의 해결책을 찾아내려고 노력한다.	
5	자기 자신보다는 공동체의 유익과 사람들의 성숙에 더 큰 의미와 가치를 부여한다.	
6	바른 목표를 알고, 왜 그것이 필요한지 동기부여를 할 수 있다.	
7	사람들을 위협하거나 교묘하게 이용하지 않고 그들에게 영감을 주고 가슴에 동기를 심어준다.	
8	사람들의 문제를 알고 그들과 함께 살며, 그들의 문제를 해결하기 위해 하나님 앞에 나아간다.	
9	자신의 인격을 자신의 지위보다 더 중요하게 인식한다.	
10	대중의 의견을 따라 가기보다 바른 의견으로 대중을 이끌 수 있다.	
11	자신을 다른 사람들 위에 두지 않는다.	
12	큰 일 뿐만 아니라 작은 일에도 정직한 일치성이 있다.	
13	먼저 자신을 다스림으로써 다른 사람들에게 다스림 받을 이유가 없게 한다.	
14	실패를 성공의 기회로 삼는다.	
15	시대의 흐름에 상관없이 언제나 올바른 방향을 제시할 수 있는 힘을 가지고 있다.	

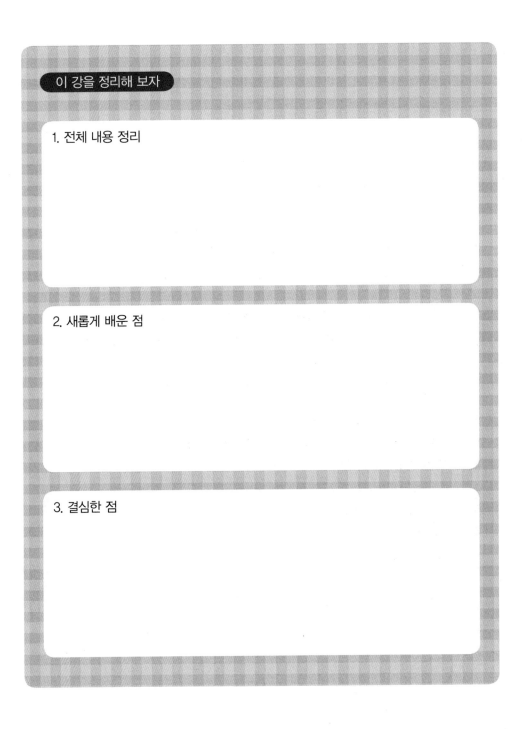

이 강을 정리해 보자

1. 전체 내용 정리

2. 새롭게 배운 점

3. 결심한 점

4강 세상을 변화시키는 리더

| 목표 |

리더가 어떠한 과정을 통해 세워지는지 배우고 작은 예수로 살기를 결심한다.

| 주제말씀 |

너희는 이 세대를 본받지 말고 오직 마음을 새롭게 함으로 변화를 받아

하나님의 선하시고 기뻐하시고 온전하신 뜻이 무엇인지 분별하도록 하라

(롬 12:2)

1. 리더가 세워지는 과정

리더십의 핵심은 하나님의 능력, 하나님의 뜻에 따라 살아갈 수 있도록 자신을 설득하는 힘이다. 리더는 그 힘을 만들기 위해 어떤 과정을 거쳐야 하는지 알아보자.

1) 나의 존재 목적을 깨닫는 단계

먼저 하나님이 나를 사랑하셔서 나와 동행하시고 싶어 하신다는 사실을 믿음으로 받아들이는 것이 중요하다. 하나님의 동행에는 목적이 있다. 그것이 내 인생을 향한 하나님의 비전이다. 하나님께서는 모든 사람의 인생에 삶의 비전을 심어두셨다. 그

렇다면 어떻게 해야 나의 비전을 정확하게 인식하고, 받아들이며, 행동으로 옮길 수 있을까?

첫째, 내 인생을 향한 하나님의 목적이 있음을 믿는 것이다. 하나님이 우리의 삶에 개입하시는 이유는 그를 통해 무언가 특별한 일을 이루기 원하시기 때문이다.

곧 창세 전에 그리스도 안에서 우리를 택하사 우리로 사랑 안에서 그 앞에 거룩하고 흠이 없게 하시려고(엡 1:4절)

둘째, 하나님은 인간 각자에게 삶의 목적을 성취하도록 은사와 능력을 부여하셨다.

옛적에 여호와께서 나에게 나타나사 내가 영원한 사랑으로 너를 사랑하기에 인자함으로 너를 이끌었다 하였노라(렘 31:3)

우리는 창세 전부터 하나님께 택함 받았다. 하나님은 우리가 태어나서 어떤 사람이 되고, 어떤 종류의 일을 해야 하는지, 이 모든 것을 계획하셨다. 인생은 실수로 태어난 존재가 아니다. 우리의 인생에는 특별한 의미가 있다. 따라서 내 인생의 숨겨진 능력과 자질을 찾고 계발해야 한다. 마치 우리 자녀들이 자신의 적성과 능력을 찾아 직업적으로 자신의 분야를 개척하듯, 하나님이 주신 우리의 비전과 능력들을 찾고 계발해야 한다(심수명, 2012a, 8).

셋째, 당신은 적시에 태어났다.

범사에 기한이 있고 천하 만사가 다 때가 있나니(전 3:1)

하나님은 인간에게 부여한 삶의 목적이 성취될 때를 정해 놓으셨다. 이 말을 운명론적으로 해석하는 것은 어리석은 것이다. 내 인생은 하나님의 섭리라는 원대한 뜻

속에 숨어 있는 것이다. 우리는 적절한 시기와 장소에 태어나서 인생의 비전을 성취해 가도록 하나님이 준비하셨다. 우리가 그 나라에 가면 이루어야 할 비전이 없다. 비전의 달성은 이 세상에 살아있는 동안에만 이루어질 수 있다. 우리의 매일 매일의 삶이 너무 고귀하지 않은가?

• 위 글을 읽은 느낌과 깨달음은 무엇인가?

2) 나를 하나님께 맡기도록 설득하는 단계

리더십의 두 번째 과정은 나를 하나님께 맡기며 따라가도록 믿음으로 설득하는 과정이다. 하나님께 나를 맡겨야만 하나님께 쓰여질 수 있다. 그러므로 하나님을 신뢰하고 바라봄이 필요하다. 믿음의 길을 걸어갈 때 어떤 경우에는 도무지 하나님께 순종하기 싫을 때가 있다.

위대한 리더, 모세도 처음에는 하나님께 자신을 맡기지 못했다. 그러자 하나님께서 모세를 광야로 내몰아 생활하게 하셨다. 왕자로 살던 모세가 하루아침에 살인자요, 도망자가 되었다. 자신의 힘으로 무엇이든 할 수 있을 것 같았는데 아무것도 할 수가 없었다. 실패자로서 도망 다니다가 살기 위해 결혼하고 처갓집에서 더부살이한다. 아무런 미래 없이 광야에서 양치는 목자로서, 그저 하루하루 먹고 사는 불쌍한 신세가 되고 말았다.

광야 40년은 길고 긴 세월이다. 왕궁에서 살았던 40년을 다 잊어버리게 만들 수 있는 세월이었다. 왕궁에서 배운 모든 학문, 지식, 전쟁기술, 세상적 리더십… 다 잊었다. 자기 스스로 재판관이 되고 리더가 되어서 이스라엘을 구원하려 했던 영웅심도 다 잊어버렸다. 민족을 위해 살고자 했던 자신의 꿈도, 열정도, 비전도, 나아가 하나님까지도 다 잊었다.

'나는 아무 것도 아니라는 패배감'이 가득 차 있을 때 하나님께서 모세를 부르셨다.

모세야 모세야…(출 3:4)

애굽에서 쫓겨나 광야로 추방된 나를, 살인자로서 버림받은 나를, 매일 좌절감과 열등감 속에 빠져 사는 나를 기억하는 분이 계시다니!

너무나 놀란 모세는 자기도 모르게 대답했다.

내가 여기 있나이다(출 3:4)

이제 하나님께서 모세에게 비전을 주신다.

이제 내가 너를 바로에게 보내어 너에게 내 백성 이스라엘 자손을 애굽에서 인도하여 내게 하리라(출 3:10)

비전은 방향이다. 그러면 리더십은 무엇인가? 리더십은 비전이라는 목적을 향해 가도록 하는 영향력이요, 추진력이다. 이제 모세는 하나님께 순종하며 따라가도록 자신을 설득하면 된다.

하나님께서 모세를 사용하기 원했을 때, 모세는 부르심을 다섯 번이나 사양했다.

첫 번째, 자신을 아무 것도 아니라고 비하하며 거부한다.

모세가 하나님께 아뢰되 내가 누구이기에 바로에게 가며 이스라엘 자손을 애굽에서 인도하여 내리이까(출 3:11)

두 번째, 자신도, 이스라엘 백성도, 하나님이 누구인지 잘 모른다고 거부한다.

내가 이스라엘 자손에게 가서 이르기를 너희의 조상의 하나님이 나를 너희에게 보내셨다 하면 그들이 내게 묻기를 그의 이름이 무엇이냐 하리니 내가 무엇이라고 그들에게 말하리이까(출 3:13)

세 번째, 자기는 능력이 없다고 부정적으로 나온다.

그러나 그들이 나를 믿지 아니하며 내 말을 듣지 아니하고 이르기를 여호와께서 네게 나타나지 아니하셨다 하리이다(출 4:1)

네 번째, 모세가 자기는 말을 할 줄 모른다고 버틴다.

오 주여 나는 본래 말을 잘 하지 못하는 자니이다 주께서 주의 종에게 명령하신 후에도 역시 그러하니 나는 입이 뻣뻣하고 혀가 둔한 자니이다(출 4:10)

다섯 번째, 모세는 부정의 극치를 보여주었다. 할 수 없는 이유만 찾고 있다.

오 주여 보낼 만한 자를 보내소서(출 4:13)

모세의 부정적 자아상(낮은 자존감)에 대해 하나님도 그 수준으로 내려가셔서 화를 내신다. 사실 어떤 의미에서는 하나님이 화를 내어주셔서 모세는 부정적이라도 자신의 가치가 확인되었다. 부정적인 방법을 사용해서라도 모세에게 다가오시는 하나님의 사랑의 열심 때문에, 모세는 더 이상 하나님께 거절할 수 없었다. 두려워서라도 순종할 수밖에 없었다. 순종하며 따라간다는 것은 모세가 하나님에 대한 신뢰가 시작되었다는 의미이다. 따라가기 어려울 때에도 하나님께 은혜를 구하고 하나님께 나를 맡기도록 설득해가는 것이 두번째 단계이다.

• 모세가 자신을 하나님께 맡기는 과정을 보며 어떤 생각이 드는지 나누어보자.

3) 순종으로 하나님의 능력을 경험하는 단계

모세는 처음에 억지로 끌려가지만 순종하면서 점점 더 하나님을 사랑하게 되고 자신감도 가지게 되었다. 순종하면서 하나님의 능력을 덧입게 되었고 마침내 하나님께 온전히 순종하면서 위대한 주의 사람으로 사명을 감당하게 되었다.

모세는 마침내 약 이백만 명의 이스라엘 백성을 이끌고 애굽을 빠져나와 약속의 땅 가나안으로 들어가는 위대한 민족의 리더로 변화되었다. 그는 기적을 만들어 냈다.

여기서 우리가 꼭 기억해야 될 것이 있다. 그것은 모세의 위대함은 모세의 것이 아니라 하나님의 것인데, 그가 순종함으로 그 축복을 누렸다는 것이다. 모세는 점점 더 절대적인 순종을 한다. 하나님의 말씀대로 순종할 때, 능력이 나타나고 기적이 나타났다. 부정의 극치에서 나는 안된다고 말한 노인 모세가 이렇게 변화되었다. 주저하고 부정적이던 모세가 변화되었다면 우리도 변화될 수 있지 않겠는가?

결국 진정한 리더십은 자기를 의지하는 것이 아니라 하나님을 진심으로 의지하도록 나를 설득하는 것이다. 하나님의 사람들이 모두 다 그랬다. 나의 능력이 아닌 하나님의 능력을 의지하는 사람을 하나님이 사용하신다. 하나님의 뜻을 알고 세상을 변화시키려는 비전과 계획은 하나님께 순종함으로 이루어진다.

• 순종으로 하나님의 뜻을 성취하는 과정을 보며 어떤 생각이 드는가? 그리고 당신은 지금 어떤 과정 중에 있는지 살펴보자.

4) 나를 계속 설득하는 단계

리더로 살아가는 계속적인 과정은 앞의 모든 과정에 대해 자신을 계속 설득해가는 것이다. 어떤 한 시점에서 자신의 존재 목적과 비전을 발견하고, 하나님께 자신을 드리기로 결심한 다음이라도 하나님께 순종해가는 수준이 그리 오래 지속되지 않는다. 이것이 우리 연약한 인간의 모습이다. 그러므로 이 일이 이루어지도록 계속 설득하는 일이 일평생 지속되어야 한다. 이러한 설득 과정이 계속되면서 점점 더 많이 하나님을 의지하게 된다. 그때 나의 리더십은 빛을 더 발하게 된다.

우리는 자신을 하나님의 뜻에 맞추려고 애쓰면서, 자신의 이기적인 욕망들과 잘못된 야망들을 계속 불태워 없애야 한다. 이러한 순수한 헌신의 행위가 일어나면 우리의 재능과 꿈은 하나님의 목적에 순복하게 될 것이다.

우리는 날마다 하나님께 마음을 맞추고 순종하도록 나를 설득해야 한다. 우리를 당신의 동역자로 부르신 그 부르심에 맞게 살아가도록 나를 설득해야 한다. 우리 스스로는 본성적으로 이러한 삶을 살기를 원하지 않을 때가 많기 때문이다. 그런 나를 날마다 사랑으로 부드럽게 설득하고 이끌어야 한다.

형제들아 나는 아직 내가 잡은 줄로 여기지 아니하고 오직 한 일 즉 뒤에 있는 것은 잊어버리고 앞에 있는 것을 잡으려고 푯대를 향하여 그리스도 예수 안에서 하나님이 위에서 부르신 부름의 상을 위하여 달려가노라(빌 3:13-14)

한 사람의 리더가 세워지는 과정을 보면서 감사하고 놀라운 사실은, 우리들의 수고와는 비교될 수 없는 하나님의 오래 참으심과 인도하심이 있기에 가능하다는 것이다. 리더십은 몇 년에 걸쳐서 매우 느리게 성장하지만, 바로 그 때문에 거대한 폭풍우도 견딜 수 있을 정도로 엄청나게 크게 자라나는 참나무와 같다. 리더십은 오랜 시간이 걸리는 것이므로 짧은 기간에 리더로 자라기를 바랄 수는 없다.

• 나를 계속 설득하는 단계를 보면서 어떤 생각이 들었는가? 이 과정에서 나를 설득시키기 위해 필요한 것은 무엇이라고 생각하는가?

• 리더가 세워지는 전 과정을 보면서 당신은 이제 예수님께 전적으로 헌신함으로 이 세상을 변화시키는 리더로 살고 싶은가? 그렇지 않다면 왜 그런지 이유를 찾아보고 마음을 바꿔 리더로 살아가고 싶은 마음을 가지도록 하나님께 은혜를 구해보자.

2. 변화를 이끄는 리더

1) 변화가 필요한 이유

그동안 우리 사회는 통제적 리더십으로 사람들을 이끌어 왔다. 통제적 리더십은 개인 고유의 잠재 능력을 억압하고 리더나 조직이 원하는 방향으로 이끌었다. 즉 멤버들을 행동하게 하려면 리더는 지시하고 명령하며 감독해야 한다고 생각하는 것이다. 이런 태도는 사람을 수단으로 보기 때문에 따라가는 사람이 소극적이며 수동적인 존재로 가치가 전락된다. 이런 관계에서는 리더와 멤버간에 인격적 신뢰를 갖기 어렵다. 이렇게 비인격적이고 몰개성화된 리더십 방식은 인간을 비인간화로 만든다.

이런 권위주의 잔재 속에서도 우리 시대는 인권이 강조되는 새로운 리더십이 요구되고 있다. 현 시대의 리더십은 다음 두 가지로 정리할 수 있다. 하나는 생산성(효과성)을 높이는 리더십이다. 경쟁시대에서 필요한 것은 개인과 조직의 효과성을 높이는 것이다. 이 리더십은 적은 자원으로 많은 것을 끄집어내도록 이끌지만 개인의 재능과 지혜를 발휘하도록 인격적 존재로 살아가는 것은 허용되지 않는다.

또 다른 리더십은 효과성을 뛰어 넘어 잠재적 힘을 발휘하여 그의 성공이 조직의 승리가 되도록 하는 리더십이다. 이 리더십이 요구하는 것은 평범함이 아니라 위대함이다. 이것은 성공과는 다른 차원이며, 잠재되어 있는 재능과 동기를 열정적으로 발휘하여 또다른 사람과 조직에 기여하도록 하는 리더십이다.

현시대는 이런 리더십을 필요로 한다. 이러한 리더십은 평범한 인생이 아니라 위대한 인생을 살기를 바라는 것이며 이를 위해서는 열정적인 실행, 헌신과 기여가 뒤따라야 한다(Covey, 2004, 23).

이 세상도 상황과 사람에 따라 급속도로 변하는데, 이 세상 사람들을 변화시켜 리더로 이끌 책임이 있는 교회는 어떠해야 할까? 살아있는 교회라면 세상보다 더 변화에 민감해야 한다. 교회가 변화를 주도해야 한다. 그런 점에서 교회는 더 큰 혁신적인 변화가 필요하다. 우리의 리더이신 예수님께서 변혁적 리더십의 모델로 사셨듯이, 우리 교회도 새로운 변화가 절대적으로 필요하다. 힘이 들더라도 우리는 변화를 일으키는 사람이 되어야 한다.

모든 것을 통치하시고 궁극적인 변화를 일으키시는 하나님께서 우리가 변화를 일으키는 사람이 되기를 기대하신다. 하나님 때문에 사람들을 섬겨보려고 노력하는 사람들, 봉사하려고 애쓰는 사람들, 사랑하기 위해 자신과 싸우는 사람들은 누구나 변화를 일으키는 사람이 될 것이다.

그것은 전적으로 우리가 하나님의 부르심에 어떻게 반응하는가에 달려있다. 하나님의 메시지는 간단하다. 그러나 거기에는 반응이 있어야 한다.

• 위 글을 읽은 느낌과 깨달음은 무엇인가? 당신은 변화를 일으키고 싶은 주인공이 되고 싶은가?

2) 변화에 대한 저항 극복하기

사람들은 대부분 변화를 싫어하는데 그 이유는 다음과 같다(Maxwell, 1993, 98-102).

첫째, 변화를 다른 사람이 유도하기 때문이다.

일반적으로 사람들은 어떤 아이디어가 아주 참신한 것이라 할지라도 자신의 것이 아닐 때 그것을 거부한다. 이것은 조종받는 것과 어떤 체제에 순응하는 것을 좋아하지 않기 때문이다. 따라서 현명한 리더는 팔로워들이 자원함으로 변화를 시작하게끔 만들고, 스스로 변화의 과정에 참여하도록 유도해야 한다.

둘째, 헌신에 대한 부담 때문이다.

변화가 생기더라도 시간이나 노력 등 더 할애해야 하는 헌신이 요구되지 않는다면, 사람들은 보통 그 변화를 긍정적으로 받아들인다. 그러나 만약 변화에 대한 대가로 헌신이 요구된다면 사람들은 변화를 거부하려 한다.

셋째, 미지의 것에 대한 두려움 때문이다.

변화는 미지의 세계로 항해하는 것과 같다. 변화가 우리를 불안하게 하므로 사람들은 새로운 해결책을 찾기보다 과거의 습관대로 해결하며 사는 것을 편안해 한다. 그러므로 변화를 했을 때 더 좋은 결과가 온다는 것을 알게 하는 경험이 필요하다.

넷째, 실패가 두렵기 때문이다.

실패를 두려워하는 것 자체가 실패이다. 성공만 하는 인생은 없다. 인생은 실패를 통해 발전한다. 많은 사람들이 실패를 두려워하기 때문에 변화를 거부한다.

다섯째, 현재에 안주하고 싶기 때문이다.

많은 공동체와 사람들이 변화를 선택하기보다 차라리 죽음을 택하겠다는 태도가 만연한 이유는 현실에 안주하는 것이 너무 편하고 좋기 때문이다.

여섯째, 변화에 대한 노력에 비해 보상이 적기 때문이다.

변화로 인해 얻게 되는 유익이, 변화하지 않음으로 당하게 되는 불이익을 훨씬 능가하지 않으면, 사람들은 변화하려 하지 않는다. 사람들은 공동체의 이익이나 손실보다는 자기 자신의 이익이나 손실을 항상 더 우위에 둔다.

일곱째, 부정적인 생각 때문이다.

부정적이고 자기 패배적인 사고 방식을 가지고 있는 사람은 "너는 아무 짝에도 쓸모가 없어, 너는 재능이라고는 없어, 넌 너무 못 생겨서 볼품이 없어, 넌 무능력하고 변변찮아서 변화를 일으키는 사람이 될 수 없어."라는 말을 수없이 들어왔다. 그리고 시간이 지나면 이런 말들을 사실처럼 믿게 된다. 그래서 계속 돌아가는 음반처럼 아무것도 변화하지 않으리라고 자신에게 되뇌이면서 시작도 해보기 전에 소망을 포기해 버린다(Collins, 1992, 72).

여덟째, 리더에 대한 존경심이 부족하기 때문이다.

팔로워들이 변화를 이끄는 리더를 좋아하지 않을 때, 그들은 변화에 저항하게 된다. 변화를 일으키려면 리더는 팔로워들과 먼저 좋은 관계를 유지한다. 리더가 나를 순수하게 사랑한다고 느끼면, 그들은 어떤 어려움 가운데서도 리더를 존경하고 따를 것이다.

• 위 글을 읽고 당신은 변화에 대한 저항은 없는지 살펴보자.

3) 변화의 시작은 나로부터

와톤(Wharton)의 글에 나오는 이야기다. 중동의 한 신비주의자가 이런 고백을 했다.

나는 젊은 시절, 혁명가였고 하나님께 대한 기도 또한 혁명적이었다. 나의 기도는 '주님, 내게 세계를 변화시킬 수 있는 능력을 주옵소서.'였다.

중년이 되어가면서 나는 한 사람도 변화시키지 못한 채 반평생을 보냈음을 알게 되었다. 그래서 나는 기도를 바꾸었다.

"주님, 나와 접촉하는 사람들, 내 가족과 친구들만이라도 변화시킬 수 있는 은혜를 허락하신다면 정말 만족하겠습니다."

이제 노인이 되고 나서 내 생애가 끝나가고 있음을 느끼고 나서야 내가 얼마나 어리석었던가를 깨닫기 시작했다. 이제 나의 유일한 기도는 이것이다.

"주님, 나 자신을 변화시킬 수 있는 은혜를 주옵소서."

만약 내가 처음부터 이렇게 기도했더라면, 내 인생이 허비되지 않았을 텐데…….

그 어떤 것보다 가장 먼저 변화되어야 할 존재는 나, 즉 리더 자신이다. 나 자신을 변화시키는 것이 얼마나 어려운지 느껴 봐야 한다. 그래야 다른 사람을 변화시키려는 시도가 얼마나 힘든 도전인가도 알게 된다.

사람들은 누구나 이 세상에서 변화를 일으키는 힘을 가지고 있다. 우리가 모세나, 엘리야나 요셉 같을 필요는 없다. 또한 유명한 사람이 되어야 하는 것도 아니다. 일하는 분야에서 반드시 성공을 거두어야 하는 것도 아니다. 어디에 살든지 혹은 얼마나 자주 실패를 했든지 간에 우리는 여전히 변화를 일으키는 사람이 될 수 있다(Collins, 1992, 18).

우리는 이 세상에서 큰 영향력을 끼친 사람들을 알고 있다. 우리 자신은 어떠한가? 나는 위대한 사람이 될 수 없다고 생각하는가? 누가 그런 결론을 내렸는가? 유명한 것과 위대한 것은 다르다. 우리 모두는 유명해지지 못할 수 있다. 그러나 모두 이 세상을 변화시키는 위대한 하나님의 리더가 될 수 있다. 하나님은 세상의 변화를 위해 나를 부르셨다. 그 하나님으로 인해 우리 모두는 변화를 일으킬 수 있다.

- 당신도 변화를 일으킬 수 있다는 것에 대하여 어느 정도 동의가 되는가? 동의가 안된다면 왜 그런지 나누어 보자.

3. 강하고 용기 있는 리더

앞에 있는 목표를 향해 나아가다가 압도되거나 두려움을 느낄 때 하나님께서 주시는 "네가 어디로 가든지 내가 함께 하리라(수 1:9)"는 말씀을 기억하라.

여호수아뿐만 아니라 예수님의 제자들도 주님의 음성을 들었을 때 성령으로 충만해지고 담대해졌다.

> 강하고 담대하라 너는 내가 그들의 조상에게 맹세하여 그들에게 주리라 한 땅을 이 백성에게 차지하게 하리라 오직 강하고 극히 담대하여 나의 종 모세가 네게 명령한 그 율법을 다 지켜 행하고 우로나 좌로나 치우치지 말라 그리하면 어디로 가든지 형통하리니 강하고 담대하라 두려워하지 말며 놀라지 말라 네가 어디로 가든지 네 하나님 여호와가 너와 함께 하느니라 하시니라(수 1:6~7, 9)

하나님의 능력을 바라보지 않는다면 리더가 아무리 충성심이 강하고 성실해도 리더로 성공하지 못한다. 그렇다면 강하고 용기 있는 리더의 핵심적 요소는 무엇일까?

'강하다'는 것은 압박이나 고통을 견디기 위한 육체적·도덕적·지적인 능력, 설득력, 열정, 확고함, 그리고 끈기 등을 말한다. '용기 있다'는 것은 위험과 두려움과 극도의 어려움에 직면할 때 인내하며 헤쳐 나가는 힘이다. 뿐만 아니라 목표를 달성하기 위한 단호한 결정, 반대나 위협에도 사기를 잃지 않는 대담함, 부담을 잘 감당하는 융통성과 탄력 등도 용기를 가질 때 만들어진다(Malmstadt, 2000, 57-58).

하지만 이 모든 단어들을 열거하면서 마음에 부담이 일어날 수 있다. 어떻게 내가 이런 리더가 될 수 있을까? 이런 부담을 벗는 길이 있다. 그것은 단순히 주님만 보고 따라가는 것이다. 때로는 '죽으면 죽으리이다'는 심정으로 한 걸음씩 걸어가면 어느 새 나도 강하고 용기 있는 리더로 성장해 있을 것이다.

그리고 다음의 것들이 잘 준비되어 있는지 수시로 점검하는 것을 잊지 마라.

첫째, 비전에 대해 계속해서 하나님과 자신과 팀원 및 다른 사람들과 의사소통을 하고 있는가?

둘째, 비전이 점진적으로 성취되는 것이 나타나는가?

셋째, 새로운 도전들을 받아들일 준비가 되어 있는가? 변화를 원하는 진정한 리더는 자신의 능력을 뛰어 넘는 도전들을 받아들이고 있는가?

넷째, 과업 완성과 사명의 성취보다 하나님과의 관계가 항상 최우선 순위인가?

위의 네 가지 사항을 점검해 봤을 때 아무런 문제가 없다면 잘 가고 있는 것이다. 계속 그 길을 가면 된다. 나머지 일은 하나님이 하실 것이다.

• 위 글을 읽은 느낌과 깨달음은 무엇인가?

• 성공하는 사람은 인격을 따라 일하고 성공하지 못하는 사람은 감정을 따라 일한다 (Maxwell, 1993, 277). 당신의 경우, 어느 편에 속하는지 살펴보고 고쳐야 할 점이 무엇인지 생각해보자.

인격을 따라 일하는 사람	표시	감정을 따라 일하는 사람	표시
일을 제대로 해서 기분이 좋다.		기분이 좋아야 일을 잘한다.	
책임을 토대로 일한다.		이해가 되어야만 일을 한다.	
원리에 입각해서 결단을 내린다.		인기에 입각해서 결단을 내린다.	
추진력이 있다.		추진력이 약하다.	
문제가 발생하면 대안을 찾는다.		문제가 발생하면 모든 것을 포기한다.	
어떤 일이 발생해도 견고함을 느낀다.		기분에 따라 변덕스럽기 때문에 불안하다.	
'나의 책임이 무엇인가?'를 생각한다.		'나의 권리가 무엇인가?'를 생각한다.	

4. 팀워크로 일하는 리더

성공을 위해 리더가 갖추어야 할 중요한 요인은 멤버들과의 연합이다. 위대한 리더에게 나타나는 특징은 팀에 많은 사람들이 함께 한다는 것이다. 다윗의 팀은 '용사들'로 이루어져 있었다. 다윗이 오직 하나님만 의지하는 용기가 있기에 많은 용사들이 그를 따랐다. 다윗이 팀과 함께 일한 특징은 다음과 같다(Boa, etc., 2007, 467).

첫째, 다윗은 하나님이 부르시는 대로 그들과 함께 전투를 치렀다. 이 팀은 함께 전투를 겪으면서 하나가 되었다.

둘째, 다윗은 하나님의 성품에 따라 그들을 위해 희생했다. 다윗의 용사들 가운데 세 사람이 목숨을 걸고 전장에서 다윗이 마실 물을 구해 왔다. 다윗은 그들의 사랑이 고맙기는 하지만 무모한 희생을 진심으로 원하지 않았다. 그래서 그 물을 마시지 않고 땅에 버렸다. 그러한 행동은 자신의 용사(멤버)들을 향한 깊은 사랑이었고, 그들은 깊은 감동을 받았다.

셋째, 다윗은 하나님의 도우심으로 그의 팀과 함께 승리를 누렸다. 다윗과 그의 부하들은 도저히 넘기 어려워보이는 고난에 여러 번 부딪혔으며 그때마다 하나님이 자신들을 건져내시는 것을 목격했다.

넷째, 다윗은 하나님이 자신을 존중하고 사랑해주시는 것처럼 자신의 용사들을 존중했다. 다윗이 그들을 존중해주자 그들은 자존감이 높아져서 한 마음으로 서로를 존중해주게 되었다.

결국 다윗은 자신이 혼자 해낼 수 없다는 것을 알고 있는 위대한 리더였다. 팀이 연합을 이루기 위해서는 리더가 효과적인 의사 전달자이어야 한다. 헌신, 연합, 의사소통, 이 세 가지 요소는 팀을 이루는 핵심 요소로서 이 요소들을 갖춘 팀은 목표를 달성할 수가 있다.

• 당신은 현재 어떤 팀을 이끌고 있는가? 아니면 어떤 팀에 소속되어 있는가? 그 팀에 만족하고 있는지, 아니면 만족하고 있지 못한지, 다윗의 경우와 비교하여 적용해보자.

5. 리더를 세우는 리더

리더의 위대함은 리더 자신의 능력이 아니라 사람들로 하여금 일을 하도록 만드는 능력에 있다. 계승자 없는 성공은 실패다. 멤버와 리더의 관계를 과정으로 이해하면 "처음에 팔로워는 리더를 사랑하게 된다. 그 다음 단계에 도달하면 리더를 존경하게 되고, 그 다음에는 리더에게 충성하게 된다(Maxwell, 1993, 29)."

당신의 리더십이 어느 정도인지 알고 싶으면, 당신이 이끌고 있는 사람들이 어떠한 변화와 성장이 일어나고 있는지 보라. 당신이 섬기고 있는 사람들이 '더 하나님을 의지하며, 더 강건해지고, 지혜로워지고, 자유케 되고, 더 많은 영혼을 섬기기 위해 스스로 종이 되기에 합당한 자로 변화되고 있는가?'를 확인하는 것이다(Boa, etc., 2007, 578-579).

사람을 귀하게 여기고 사람의 가능성을 최대한 끌어내어 발전시켜주는 리더가 있는 공동체는 시간이 지날수록 빛을 발하게 된다. 그런 공동체는 현재 어렵다 할지라도 미래에 소망이 있다. 지금 당장 우리의 가족이나 교회, 회사가 반짝 성공하는 게 중요한 것이 아니다. 다음 세대에도 그 다음 세대에도 더욱 찬란한 빛을 뿜으며 발전해 나가야 한다. 그렇다면 우리가 사라진 다음 당신이 이끌던 공동체는 어떻게 될 것인지 상상해보라.

예수님께서는 자신이 없는 상황을 제자들에게 준비시키셨다. 열두 제자에게 자신의 모든 것을 다 쏟아 부으셨다. 예수 그리스도가 남기셨던 오직 하나의 유산은 열두 명의 사람들뿐이었다. 그들에게 모든 것을 거셨다. 그리고 그들을 통해 기독교는 확산되었고 300년도 못되어 세계에서 가장 강한 로마 제국을 뿌리째 흔들어 놓고 말았다. 그리고 2000년이 지난 오늘까지 그분이 세워 놓으신 교회는 더욱 강하고 빠르게 성장하며 확장되고 있다.

리더십의 하이라이트는 다음 세대에게 힘을 실어주는 것이다. 그들을 준비시키는 것이다. 그들에게 모든 것을 주는 것이다. 리더는 보이지 않는 곳에서 썩어지는 밀알이요, 리더는 다음 세대를 키워주는 존재이며, 나누어줌의 축복을 깨닫는 자이다.

리더십은 계발되는 것이다. 오랫동안 성경의 리더와 우리 시대의 리더를 연구해 본 결과 타고난 리더는 없었다. 리더로 훌륭하게 자신의 일을 감당했었던 사람들은 다음 네 부류 중 하나였다(Maxwell, 1993, 255). 당신은 어디에 속하는지 살펴보자. 당신이 어디에 속하던 당신은 이 세상을 변화시켜나갈 수 있는 리더이다.

	내용	체크
리더 중의 리더	부모로부터 좋은 삶의 태도를 배운 사람	
	모델이 된 리더십을 보고 경험한 사람	
	훈련을 통해 새로운 리더십을 습득한 사람	
	위대한 리더가 되기 위해 지속적으로 자기 훈련을 하는 사람	
체득된 리더	모델이 된 리더십을 오랫동안 보아온 사람	
	훈련을 통해 리더십을 배운 사람	
	위대한 리더가 되기 위해서 자기 훈련을 하고 있는 사람	
잠재력이 있는 리더	모델이 된 리더를 최근에 발견한 사람	
	훈련을 통해 리더가 되고자 배우는 사람	
	위대한 리더가 되기 위해 자기 훈련을 시작하는 사람	
제한된 리더	리더들에게 거의 혹은 전혀 발견되지 못한 사람	
	리더십 훈련에 거의 혹은 전혀 참여하지 않은 사람	
	리더가 되기를 열망하는 사람	

• 당신은 세상을 변화시킬 지도자 또는 팔로워로 살 결심이 섰는가?

• 히브리서 전체에서 변화를 일으키는 사람들에게서 나타나는 14개의 원리가 있다 (Collins, 1992, 223). 당신에게 하나라도 있다면 이제부터 시작하면 된다. 당신은 세상을 변화시키는 그리스도의 팔로워이며 리더이다!

번호	내용	체크
1	변화하고 싶은 마음이 있다(히 12:1).	
2	얽매이기 쉬운 죄를 벗기 위해 노력한다(히 12:1).	
3	목표를 정했다(히 12:1).	
4	눈을 그리스도께 고정하고 있다(히 12:2).	
5	저항을 예상하고 있다(히 12:3, 7, 12).	
6	관계를 개선하기 위해 노력한다(히 12:14).	
7	원대한 안목을 가지고 있다(히 12:16, 17).	
8	사람을 세우기 위해 힘쓰고 있다(히 13:1, 3).	
9	섬김을 배워가고 있다(히 13:2).	
10	가정을 소중히 여기고 있다(히 13:4).	
11	물질에 노예가 되지 않는다(히 13:5).	
12	조언을 구하고 있다(히 13:1, 17).	
13	좋은 리더를 만났다(히 13:9).	
14	기도에 전념하고 있다(히 13:18, 19).	

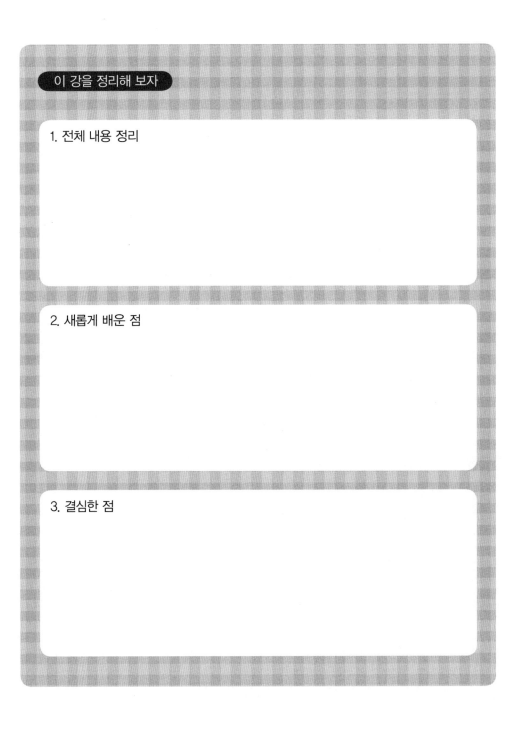

이 강을 정리해 보자

1. 전체 내용 정리

2. 새롭게 배운 점

3. 결심한 점

| 마치는 글 |

'이 세상을 변화시키는 힘이 무엇일까?' 그것은 지식이나 돈, 권력이 아니다. 그것은 사랑이다. 어떤 사랑일까? 그 사랑은 하나님의 아가페사랑이다. 예수님의 십자가 사랑이다. 예수님은 그 사랑을 온 인류에게 부으셨고, 인류 구원을 위해 교회를 세우셨다.

그런데 오늘의 교회는 어떠한가? 어떤 교회의 고백이다. 이 교회는 새롭게 개척하면서 좋은 교회로 소문이 났다. 다른 교회에서 장로로 사역하시던 분들이 다수 이 교회로 옮겼다. 이분들은 대부분 자신이 장로라는 사실을 밝히지 않는다. 그 이유는 이전에 섬기던 교회와 목사에 관한 부정적인 이야기를 해야 하기 때문이었다. 이들의 아픔이 얼마나 컸겠는가?

한국 교회의 리더십에 문제가 있다는 것은 이제 공공연한 이야기가 되어가고 있다. 교회의 리더십이 부패하는 이유가 무엇일까? 가장 심각한 이유는 '하나님께서 세우셨다'고 생각하며 자신을 절대화하는 교회리더들의 오해와 독선 때문일 것이다. '기름부으셨다'는 것은 하나님이 기름을 부어 세운 특별한 사람이라는 것이 아니라 하나님의 뜻에 합당하게 그 직책을 수행하라는 의미이다. 성경적 리더십의 본질은 섬기는 자, 따르는 자, 희생하는 자이다. 이런 점에서 기독교 리더십에 대한 올바른 개념 정립을 세워 연구하고 묵상하며 실천하는 훈련이 필요하다.

세상 사람들의 비전과 그리스도인의 비전은 근본적으로 다르다. 세상 사람들의 비전은 자기 유익을 위해서 스스로 만들어 내는 것이고, 하나님의 종들의 비전은 하나님께로부터 하나님을 위한 비전을 받는다는 것이다. 만약 우리가 하나님의 종이라면 나의 유익을 위해 내가 만들어내는 비전이 아니라, 하나님이 보여주시는 하나님을 위한 비전을 받아야 한다. 우리는 달라져야 한다. 하나님께서 우리를 부르신 소명과 성경적인 섬김의 가치관을 기억하자. 그래서 세상의 영향을 받는 자가 아니라 세상을 변화시키는 자가 되자.

이 세상을 변화시킬 수 있는 힘의 원천과 능력은 예수 그리스도로부터 나온다. 그러므로 우리가 예수 그리스도를 따르고 있다면, 많이 따르고 있든 조금 따르고 있든 상관없이, 당신은 이 세상을 변화시킬 수 있는 미래의 리더임에 틀림없다.

하나님은 이 세상의 변화를 위해 당신의 뜻에 합한 한 사람을 찾으신다.

그 한 사람이 아브라함이었고, 요셉이었고 다윗이었다. 그리고 베드로와 요한이었고 바울이었다. 이제 주님께서 우리에게도 물으신다.

"네가 나의 종이냐? 네가 나를 위해 목숨을 버리고 희생할 수 있느냐?"

이러한 질문에 누가 감히 "네, 제가 그렇게 하겠습니다."고 답할 수 있겠는가? 우리는 자신있게 답할 수 없다.

그러나 우리 하나님께서는 이 세상을 변화시키기 위해 우리 손에 있는 작은 것을 원하신다. 하나님께서는 다윗이 가진 작은 물맷돌을 사용하셨다.

오병이어를 가진 소년도 자기 손에 있는 것을 예수님께 드림으로 오천 명의 군중을 먹일 수 있었다.

'네 손에 있는 것이 무엇이냐?'

하나님은 오늘날에도 진정한 리더가 되려는 자들에게 이 질문을 하신다.

당신에게 있는 작은 것, 그것을 가지고 지금부터 나아가라.

하나님만 믿고 나아가라.

그때 하나님께서 위대하게 당신을 쓰실 것이다.

하나님이 쓰시기에 좋은 사람이 바로 위대한 리더이다.

| 참고문헌 |

강준민.『비전과 존재 혁명』, 두란노, 2002.

강휘원. "구약성서의 느헤미야와 변혁적 리더십", 현상과 인식, 2005 가을.

박수암. "신약성경에 나타난 리더십", 리더십 어떻게 설교할 것인가,『목회와 신학 별책
　　　부록』, 두란노, 2013(7).

심수명.『비전의 사람들』, 다세움, 2013.

_____.『위대한 부모 위대한 자녀』, 다세움, 2012a.

_____.『의사소통훈련』, 다세움, 2012b.

_____.『비전과 리더십』, 다세움, 2010.

_____.『인생을 축제처럼』, 다세움, 2008.

조용식. "잠언의 리더십", 리더십 어떻게 설교할 것인가,『목회와 신학 별책부록』, 두란노,
　　　2013(7).

한홍.『거인들의 발자국』, 두란노, 2000.

Burns, J. M. "Leadership", Harper Torchbooks, 1978.

Boa, Kenneth, Buzzel, Sid, Perkins, Bill.『리더십 핸드북(Leadership Handbook)』, 국제제자
　　　훈련원, 2007.

Blackaby, Henry. The Power of the Call, Broadman & Holman, 1997.

Bounds, E. M.『기도에 네 인생이 달렸다(The Complete Works of E. M. Bounds on Prayer)』, 배응준 역, 규장, 1990.

Clinton, Bobby. "Finishing Well, The Challenge of a Lifetime", Barnabas Resources, 1994,

Collins, Gary.『파워 리더(You Can Make a Diffrence)』, 최예자 역, 프리셉트, 1992.

Covey, Stephen R.『성공하는 사람들의 8번째 습관(The 8th Habit: from Effectiveness to Greatness)』, 김경섭 역, 김영사, 2004.

Foster, Richard.『영적훈련과 성장(Celebration of Discipline) 』, 권달천 역, 생명의말씀사, 2009.

Jones, Laurie Beth.『기적의 사명선언문(The Path)』, 한·언, 1996.

Finzel, Hans.『리더십 파워(Empowered Leaders)』, 김재영 역, 디모데, 1988.

Hansel, Tim.『하나님이 기뻐하시는 열정 성공 리더십』, 안병호, 차종률 역, 1999, ESP.

Malmstadt, Howard V., Hamilton, David Joel., Halcomb, James.『리더십, 사명을 성취하는 힘(Corageous Leaders)』, 김모세 역, 예수전도단, 2000.

Maxwell, John.『당신 안에 잠재된 리더십을 키우라(Developing The Leader Within You)』, 강준민 역, 두란노, 1993.

Munroe, Myles.『비전의 힘(The Principles And Power of Vision)』, 최예자 역, 프리셉트, 2003.

Niebuhr, H. Richard.『그리스도와 문화(Christ and Culture)』, 홍병룡 역, IVP, 2007.

Wharton, Paul. "Stories and Parables for Preachers and Teachers", Mahwah, Paulist, 1986.

Zachary, Rick.『예수님의 제자 삼기(The Master of Relationships)』, 열두제자, 2009.

교육 · 상담훈련

- 인생을 축제처럼(도서출판 다세움)
- 인격치료(학지사)
- 그래도 삶은 소중합니다(도서출판 다세움)
- 상담의 과정과 기술(도서출판 다세움)
- 정신역동상담(도서출판 다세움)
- 감수성 훈련 워크북(도서출판 다세움)

목회

- 인격목회(도서출판 다세움)
- 상담목회(도서출판 다세움)
- 비전과 리더십(도서출판 다세움)
- 상담적 설교의 이론과 실제(도서출판 다세움)

소그룹 훈련 시리즈(상담목회를 적용한 소그룹 훈련시리즈)

- 의사소통 훈련(도서출판 다세움)
- 인간관계 훈련(도서출판 다세움)
- 거절감치료(도서출판 다세움)
- 분노치료(도서출판 다세움)
- 비전의 사람들(도서출판 다세움)
- 행복 바이러스(도서출판 다세움)
- 성령의 능력으로 사는 그리스도인(도서출판 다세움)
- 감수성 훈련 워크북(도서출판 다세움)

결혼 · 가정 사역

- 한국적 이마고 부부치료(도서출판 다세움)
- 부부심리 이해(도서출판 다세움)

- 행복결혼학교(도서출판 다세움)

- 아버지 학교(도서출판 다세움)

- 어머니 학교(도서출판 다세움)

- 위대한 부모 위대한 자녀(도서출판 다세움)

제자훈련 시리즈 전 4권(상담목회를 적용한 제자훈련시리즈)

- 1권. 제자로의 발돋움(도서출판 다세움)

- 2권. 믿음의 기초(도서출판 다세움)

- 3권. 그리스도와의 동행(도서출판 다세움)

- 4권. 인격적인 제자로의 성장(도서출판 다세움)

- 전인성숙을 위한 제자훈련 시리즈 인도자지침서(도서출판 다세움)

새신자용 교재

- 새로운 시작(도서출판 다세움)

설교집

- 감사하면 행복해집니다(도서출판 다세움)

| 저자소개 |

심수명 교수

한밀교회를 개척하여 상담목회를 적용하고 있는 저자는 상담 전문가이며 신학과 심리학, 상담과 목회현장을 아우르는 학자이며 목회자입니다. 저자는 치유와 훈련, 목회를 마음에 품고 한 영혼의 전인적인 돌봄, 부부관계 회복, 비전있는 자녀교육, 건강한 교회 세움, 상담전문가 양성 등에 헌신해 왔습니다. 그 노력의 일환으로 제자훈련 시리즈, 상담 훈련용 교재들을 출판해 왔습니다.

2011년에는 "기독교상담적 관점에서 본 정신역동상담"이 문화체육관광부 우수학술도서로 선정되고, 2011년 목회와 신학에서 한국교회 명강사(상담분야)로 선정되는 등 한국교회와 사회에 영향력을 끼치고 있습니다.

안양대와 총신대(신학), 고려대(석사. 상담심리)와 미국 풀러신대에서 목회상담학 박사와 국제신대에서 상담학 철학박사 학위를 취득하였습니다.

상담자격은 한국 목회상담협회 감독, 한국 복음주의 기독교상담학회 감독상담사, 한국 기독교 상담 및 심리치료학회 상담전문가, 한국 가족상담협회 수련감독으로 활동 중입니다.

여성부정책자문위원으로 활동했으며 현재 한기총 다세움상담목회대학원 원장, (사)한국인격심리치료협회 대표, 국제신학대학원대학교 상담학 교수로 사역하고 있습니다.

이메일
soomyung2@naver.com

연락처
한밀교회 (02)2605-7588, www.hanmil.or.kr
(사)한국인격심리치료협회 (02)2601-7422~4
국제신학대학원 (02)839-0388, www.kukje.ac.kr

세상을 변화시키는 리더십과 팔로워십

발　행 | 김선경
저　자 | 심수명
기　획 | 유근준
교　정 | 이동희
디자인 | 김명진
제 1판 1쇄 발행 | 2014. 7. 25
발행처 | 도서출판 다세움
서울시 강서구 수명로 2길88(내발산동 747)
Tel. 02-2601-7422~4
Fax. 02-2601-7419
Home Page: www.daseum.org

총　판 | 비전북
경기도 고양시 일산 서구 덕이동 1347-7
Tel. 031-907-3927
Fax. 031-905-3927

정가 5,000원

ISBN 978-89-92750-27-1　03230